신통방통 에너지를 찾아 떠난

이상한 나라의
까만 망토

더불어 사는 지구는 우리가 세계 여러 나라 사람들과 함께 이 지구에서 더불어 잘 살기 위해 생각해 보아야 할 환경과 생태, 그리고 평화 등의 주제를 다루는 시리즈입니다.

신통방통 에너지를 찾아 떠난
이상한 나라의
까만 망토

글 박경화 | 그림 손령숙

초록개구리

| 이 책을 읽기 전에 |

까만 망토와 함께 떠나는 에너지 여행

'에너지는 어떻게 만들어지는 걸까?'
'전기는 왜 아껴 써야 할까?'
'만약 전기가 없다면 어떻게 될까?'
여러분은 이런 생각을 해 본 적이 있나요?
우리는 집에서 여러 가지 전기 기구를 쓰고 있어요. 하루 세끼 밥을 맛있게 먹으려면 전기밥솥과 냉장고가 있어야 해요. 날이 어두워지면 숙제를 하든 놀이를 하든 전등을 켜야 해요. 컴퓨터와 텔레비전도 이제 없어서는 안 될 물건이 되었어요. 이 모든 기구는 전기가 있어야 작동이 된답니다. 그뿐이 아니에요. 거리의 수많은 가로등과 빌딩도 모두 전기가 있어야 밝힐 수 있지요.
그런데 어느 날 하루 종일 정전이 되었다고 한번 상상해 봐요. 어떻게 될까요? 너무 불편할 거라고요? 아무 일도 할 수 없으니 답답하고 따분할 거라고요? 암흑천지가 될 테니 무서울 거라고요? 아마도 우리가 얼마나 전기에 많이 의존해 살아가고 있는지 새삼스럽게 깨달을 수 있을 거예요.

그렇다면 이렇게 소중한 전기는 어떻게 만들어지는 걸까요? 그리고 어떤 과정을 거쳐 우리 집까지 오게 되는 걸까요? 까만 망토를 따라가 보면 궁금증을 풀 수 있을 거예요.

까만 망토가 누구냐고요? 까만 망토는 어둠의 신이에요. 해가 서쪽으로 질 무렵 회색빛 땅거미를 이끌고 나타나지요. 까만 망토가 온 세상을 어스레하게 물들이면 뒤이어 까만 망토의 누나도 나타난답니다. 까만 망토의 누나는 밤의 여신이거든요. 둘은 이 세상에 어둠과 밤을 만드느라 우리 곁으로 날마다 찾아오지요. 그런데 밤의 여신이 그만 병이 들어 지구를 떠날지도 모른대요. 밤의 여신이 지구를 떠나면 무슨 일이 벌어질까요?

호기심 많은 나래와 까만 망토는 밤의 여신에게 보여 줄 희망을 찾아 이상한 나라로 여행을 떠나요. 여행길에서 만난 불의 요정과 불 아저씨, 우라늄 동자, 반짝이는 빛이 전기와 에너지에 대한 흥미로운 이야기를 들려주어요. 또, 친절한 태양 아줌마와 바람 왕자는 자연 속에 있는 놀라운 에너지에 대한 이야기도 해 주지요.

여러분은 혹시 어떤 꿈을 꾸고 있나요? 잠수함을 타고 바다 속을 탐험하고 싶다고요? 우주선을 타고 머나먼 우주여행을 떠나고 싶다고요? 이런 꿈을 이루려면 에너지의 도움을 받아야 해요. 에너지는 우리가 꿈을 이룰 수 있게 도와준답니다.

그런데 우리가 언제까지나 에너지를 함부로 펑펑 쓸 수는 없어요. 사람들이 가장 많이 쓰는 화석 연료가 점점 바닥이 나고 있거든요. 더구나 이런 에너지는 쓰레기를 남겨 지구를 힘들게 하지요.

여러분이 에너지에 관심을 갖는 것은 무척 중요해요. 여러분이 자라면 쓰레기를 남기지 않고, 위험하지도 않으며, 연료도 바닥나지 않는 새로운 에너지를 개발하게 될 테니까요. 그러면 여러분 앞에 훨씬 더 멋진 세상이 펼쳐질 거예요.

그럼 이제부터 나래와 까만 망토의 손을 잡고 신나는 에너지 여행을 떠나 볼까요?

2011년 2월

박경화

| 차 례 |

이 책을 읽기 전에
까만 망토와 함께 떠나는 에너지 여행 4

앗, 정전이다! 9
어둠 속에 찾아든 손님 15
까만 망토의 정체 22
전깃줄 속으로 31
넌 어디서 왔니? 37
물은 힘이 세다 48
연료가 필요해 58
작은 고추가 맵다? 65
언제까지 펑펑 쓸 수 있을까? 76
사과 대신 야자를? 82
태양에게 물어봐! 93
산 위에서 부는 바람 시원한 바람 102
식물로 달리는 자동차 111
땅속에도 바다 속에도 에너지가 숨어 있지 119
누구나 에너지를 만들 수 있어 128
낮이 지나면 밤이 오게 마련! 145
안녕, 까만 망토! 153

앗, 정전이다!

"아휴, 더워! 엄마, 물! 차가운 물 주세요."

문을 벌렁 열어젖히고 우당탕 뛰어 들어온 나래가 큰 소리로 외쳤다. 그런데 어쩐 일인지 집 안이 조용하다.

"엄마! 엄마!"

나래는 엄마를 다시 부르다가 퍼뜩 생각이 났다.

'아, 맞다. 아침에 엄마가 오늘 사무실에 나가는 날이니까 나 혼자 간식 챙겨 먹으라고 하셨지.'

지각할까 봐 허겁지겁 뛰어나가느라 정신이 없었던 나래는 그 말을 이제까지 새까맣게 잊고 있었다. 엄마는 저녁이 돼야 돌아올 테니, 그때까지 혼자 있어야 한다.

"아이, 힘 빠져."

나래는 부엌으로 터덜터덜 걸어가 냉장고에서 오렌지 주스 병을 꺼냈다. 그리고 냉장고 문을 열어 둔 채 싱크대 선반에 놓인 유리잔을 가져와 주스를 가득 부었다. 덥고 목이 말라서인지 주스는 목을 타고 꿀꺽꿀꺽 잘도 넘어갔다. 차가운 주스를 단숨에 들이켰더니 머리끝까지 시원해졌다.

"아, 시원해!"

나래는 병뚜껑을 닫고 주스 병을 냉장고 안에 도로 넣었다.

"심심한데 컴퓨터나 해야지."

나래는 마루에 있는 컴퓨터를 켜고 마우스를 움직였다. 화면에 게임 프로그램이 뜨는 사이에 몸이 다시 더워졌다. 나래는 에어컨을 켰다. 그래도 몸이 끈적끈적했다.

"아냐, 샤워를 하는 게 낫겠다!"

나래는 컴퓨터와 에어컨을 그대로 켜 놓은 채 욕실로 들어갔다. 옷을 훌훌 벗어 던지고 샤워기를 틀었다. 날씨는 덥지만 갑자기 찬물이 몸에 닿으면 움찔하게 된다. 그래서 수도꼭지를 더운물 쪽으로 거침없이 틀었다. 물이 금방 데워지지 않기 때문에 더운물이 나올 때까지 기다리며 나래는 콸콸 쏟아지는 수돗물 아래에 발을 넣었다 뺐다 물장난을 쳤다.

"앗, 뜨거!"

나래는 갑자기 물이 뜨거워지는 바람에 흠칫 놀라 한 발짝 뒤로 물러섰다. 그러고는 다시 수도꼭지를 오른쪽으로 돌렸다 왼쪽으로 돌렸다 하면서 물 온도를 맞추었다. 온도를 맞추고 나서 먼저 머리를 감기 시작했다. 물을 세게 틀어 놓은 채 샴푸를 덜어 머리에 문지른 뒤 헹궈 냈다. 그런 다음 몸에 비누칠을 하고 세찬 물을 맞으며 서 있었다. 온몸이 따끈따끈하면서도 시원했다. 엄마가 물을 아껴 쓰라고 늘 잔소리를 하지만, 나래는 이렇게 물을 세게 틀어 놓고 샤워하는 게 좋다.

나래가 욕실 문을 열고 나오니 수증기도 뭉게뭉게 뒤따라 나왔다. 큰 수건으로 몸을 닦고 옷장에서 옷을 꺼내 입은 뒤 세탁기에 젖은 수건과 벗어 놓은 옷을 집어넣었다. 세탁기 속은 빨랫감으로 차 있었다. 엄마는 빨랫감이 많이 모이면 세탁기를 돌려도 좋다며 세탁기 작동법을 나래에게 가르쳐 줬다.

'오늘은 내가 한번 돌려 볼까?'

나래는 엄마가 가르쳐 준 대로 세제를 넣고 버튼을 눌렀다. '윙, 윙' 하고 세탁기가 돌기 시작했다.

"아, 됐다!"

몸을 씻어서 그런지 슬슬 배가 고파 왔다. 식탁에는 엄마가 간식으로 만들어 놓은 크로켓이 접시에 담겨 있었다. 나래는 크로켓 접시를 전자레인지에 넣고 버튼을 누른 다음, 전기 주전자에 물을 가득 붓고 플러그를 꽂았다.

"크로켓을 먹을 때는 따뜻한 유자차가 딱이라니까!"

나래는 새콤달콤한 유자차를 마시며 바삭바삭한 크로켓을 먹을 생각을 하니 벌써 군침이 돌았다.

'물이 끓을 동안 잠깐 텔레비전이나 볼까?'

나래가 텔레비전 리모컨을 눌렀을 때였다. 막 켜지려던 화면이 갑자기 '툭' 하고 꺼져 버렸다.

"어, 왜 이러지?"

그런데 '위잉' 하고 돌아가던 전자레인지도 뚝 멈췄고, '츠르르르' 소리를 내기 시작하던 전기 주전자도 조용해졌다. 그뿐이 아니었다. 세탁기도 멈췄고, 컴퓨터도, 에어컨도, 선풍기도 모두 멈춰 버렸다.

"헉! 전기가 나갔나 봐."

나래는 가슴이 덜컥했다. 한 달 전에도 전자 제품을 한꺼번에 켜 놓았다가 전기가 나가 버린 적이 있었다. 아빠가 얼른 누전 차단기를 올리자 다행히 전기가 다시 들어왔지만 말이다. 그때 엄마는 얼마나 전기를 많이 썼

으면 누전 차단기가 내려갔겠느냐며 꾸지람을 했다.

'어떡하지? 엄마한테 또 혼나겠네……. 위험하니까 누전 차단기는 함부로 만지면 안 된다고 그랬으니 어쩌면 좋아! 그런데 우리 집만 정전이 된 걸까? 혹시 우리 동네 전체가 정전된 건 아닐까? 그럴지도 몰라.'

나래는 안절부절못하고 집 안을 왔다 갔다 했다.

"안 되겠어."

나래는 가방에서 책과 공책을 꺼내 탁자 위에 올려놓았다. 엄마한테 야단을 덜 맞으려면 숙제라도 해 놓는 게 나을 것 같았다.

'그래, 숙제부터 하자.'

나래는 탁자 앞에 앉아 책을 폈다. 오늘 선생님이 내 준 숙제는 《에너지는 어디에서 올까?》라는 책을 읽고 느낀 점을 쓰라는 것이었다. 또, 에너지를 아끼기 위해 우리가 할 수 있는 일이 무엇인지도 적어 오라고 했다.

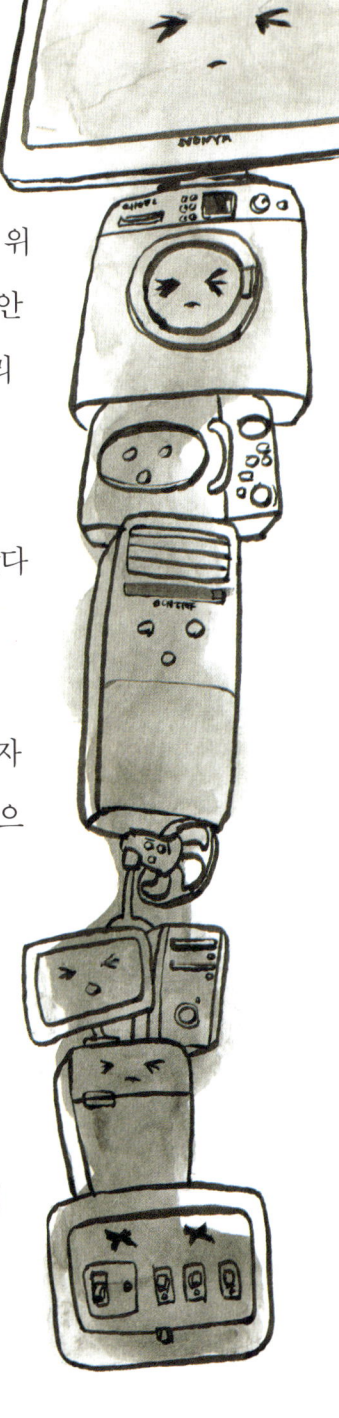

'에너지를 아끼는 방법이야 뻔하지. 방에서 나갈 때는 전등을 끄고, 쓰지 않는 전자 제품의 플러그는 뽑아 놓고. 하지만 좀 귀찮기는 해. 왜 그렇게 번거롭게 살아야 할까? 기계란 어차피 사람들이 편리하게 살려고 만든 건데 말이야.'

나래는 숙제를 하려다 말고 벌떡 일어났다.

"아휴, 더워! 왜 이렇게 더운 거야?"

나래는 베란다 창문을 활짝 열었다. 바람도 안 부는지 후덥지근한 열기가 밀려 들어왔다. 나래는 다시 탁자 앞에 앉았다.

'근데 왜 이렇게 졸리지?'

나래는 입을 크게 벌리고 하품을 했다.

'에너지가 부족하다고들 하지만 세상은 잘 돌아가고 있잖아. 과학이 발달해서 점점 더 좋은 기계를 발명하고 있는데 왜 불편하게 살아야 하지? 아이고, 머리 아파. 적당히 쓰……자……. 대충 쓰자……. 하암, 되게 졸……립다……. 엄마 오시기 전까지…… 다 해야 할 텐데……. 에구, 조금…… 조금만…… 자고…….'

나래는 꾸벅꾸벅 졸다가 책을 베고 엎드렸다. 눈꺼풀이 돌이라도 얹어 놓은 것처럼 무거워서 눈을 뜨려고 해도 도무지 뜰 수가 없었다.

어둠 속에 찾아든 손님

"흑흑흑!"

어디선가 흐느끼는 소리가 들렸다. 나래는 이맛살을 찌푸렸다.

'아, 시끄러워. 참자, 조금 있으면 그치겠지.'

나래는 고개를 반대쪽으로 돌리며 뒤척였다. 가물가물 다시 잠이 들려는데, 갑자기 울음소리가 더 크게 들려왔다.

"으흐흐흑, 어억 어억, 엉엉."

'아이, 짜증 나.'

나래는 두 손으로 귀를 막았다. 하지만 잠결이라 손에 힘이

스르르 빠졌다.

"으아아아아앙앙, 엉엉엉, 누나! 엉엉엉!"

"윽, 누구야?"

나래는 참다못해 벌떡 일어나며 소리쳤다. 도대체 어떤 애가 이렇게 우는지 베란다로 내다볼 참이었다. 어느새 날이 저무는지 마루가 어스레했다.

"내가 그렇게 오래 잤나?"

나래는 고개를 갸우뚱거렸다. 벽시계의 초침 소리만이 째깍째깍 들렸다. 시계 소리는 나래의 심장 박동에 맞추어 더욱 크게 울리는 것 같았다.

"흑흑흑, 으흐흐흑."

다시 울음소리가 들렸다. 그런데 가만히 들어 보니 그 소리는 바깥이 아니라 집 안에서 들려오는 것이었다. 현관 쪽 같기도 하고, 현관 옆 나래 방에서 들리는 것 같기도 했다.

'집에 누가 있을 리도 없고……. 뭐야, 귀신인가?'

얼토당토않았지만 이런 생각이 들자 발이 바닥에 딱 달라붙은 듯 움직일 수가 없었다. 팔다리도 후들후들 떨렸다.

'아냐, 그럴 리가 없어. 귀신이 어딨어. 내가 잘못 들었을 거야.'

그 사이 집 안은 더욱 어둑어둑해졌다. 나래는 벽 쪽으로

살금살금 걸어가 전등 스위치를 찾아 켰다. 하지만 불은 들어오지 않고 거실은 여전히 어두웠다.

'아 참, 전기가 나갔지. 아직도 안 들어왔네.'

나래는 속으로 툴툴거리며 텔레비전 아래 서랍장을 열어 더듬어 보았다. 지난번 정전되었을 때 썼던 양초를 서랍에 넣어 둔 기억이 났던 것이다. 양초 옆에 라이터도 손에 잡혔다. 나래는 가까스로 라이터를 켜서 양초 심지에 불을 붙였다. 그러자 주위가 조금 환해졌다. 하지만 가까이에 있는 것 말고는 여전히 어슴푸레하게 보였다.

'옛날에는 촛불을 켜놓고 일도 하고 공부도 했다는데 얼

마나 답답하고 불편했을까?'
 나래는 조심조심 현관 쪽으로 걸어가며 촛불을 비추었다. 현관은 낮에 집으로 들어올 때와 달라진 게 없어 보였다. 이번에는 방문을 비추어 보았다. 방문도 그대로였다.
 '들어가 볼까……. 이젠 소리도 안 들리잖아.'
 나래는 침을 꼴깍 삼키며 방문 앞으로 다가갔다. 몇 걸음 거리인데 오늘따라 왜 이렇게 멀게 느껴지는지 몰랐다. 나래는 문손잡이에 손을 대고 잠시 망설이다가 손아귀에 힘을 주었

다. '에라, 모르겠다.' 하는 마음으로 손잡이를 힘껏 돌리며 문을 밀쳤다.

방 안은 더 어두웠다. 나래는 양초를 방 안으로 들이밀고 이리저리 비추었다. 창문이 보이고, 책상과 침대도 보였다. 그대로였다. 양초의 불빛을 따라 그림자가 마치 춤을 추듯 일렁였다. 그런데 책상 아래에 웬 자그맣고 거무스름한 물체가 보이는 게 아닌가!

"누, 누구야?"

나래는 소스라치게 놀라 자기도 모르게 목소리가 터져 나왔다. 촛불에 비친 그 물체는 고개를 숙인 채 쪼그리고 앉은 아이 같아 보였다. 어깨를 들썩이고 있는 것으로 보아 울음소리의 정체가 틀림없었다.

"누구냐니까? 누군데 남의 집에 함부로 들어온 거야?"

나래는 소리를 꽥 질렀다. 겁도 났지만, 어른들도 없는데 낯선 아이가 집에 들어와 있다니 화도 났다.

"왜 소리는 질러? 불이나 좀 치워 줘."

나래는 얼떨결에 양초를 책상 위에 올려놓았다. 그제야 고개를 든 거무스름한 물체는 나래 또래로 보이는 남자아이였다. 마치 '삼총사' 연극이라도 하다가 뛰어나온 것처럼 아이는 까만 망토를 두르고 있었다. 아이의 얼굴은 눈물과 콧물로 범벅이 되어 있었다. 나래는 어이가 없었다.

"넌 누구니? 왜 여기서 울고 있는 거야?"

나래는 책상 위에 놓여 있던 손수건을 까만 망토에게 건네주며 물었다. 까만 망토는 아무 말도 없이 손수건을 받아 눈물로 진득해진 뺨과 콧물로 범벅이 된 코언저리를 북북 닦았다.

"그렇게 울면 머리 아프지 않니?"

나래는 까만 망토가 누군지 궁금했지만 달래 주는 게 먼저일 것 같았다. 까만 망토는 다시 슬픔이 복받쳐 오르는 듯 입술을 실룩거리며 얼굴을 찡그렸다. 이마에는 주름이 서너 개 잡히고, 눈에선 눈물이 주르륵 흘러내렸다.

"흑흑, 누나가……."

"네 누나가 어떻게 됐는데?"

"누나가…… 떠날지도 모른대."

"왜? 어디로 떠난다는 거야?"

"으허엉엉, 엉엉엉!"

대답 대신 까만 망토는 다시 울음을 터뜨렸다.

"아, 그만 울어! 그럼 네 누나를 어떻게 붙잡을지 생각해야 할 것 아냐?"

나래가 나무라듯 목소리를 높이자, 까만 망토는 두 눈을 동그렇게 뜨고서 나래를 바라보았다. 입마저 동그랗게 벌린 모습이 우스워 나래는 '큭' 하고 나오는 웃음을 참을 수가 없었다. 까만 망토는 입을 실룩이며 이맛살을 잔뜩 찌푸렸다.

"여긴 우리 집이거든. 남의 집에서 이렇게 울지만 말고 무슨 일인지 어서 말해 봐."

나래의 말에 까만 망토가 벌떡 일어나 앞으로 나섰다. 그 바람에 나래는 흠칫 놀라 뒤로 한 걸음 물러섰다. 일어서고 보니 까만 망토는 나래보다 키가 작았다.

"우리 누나는 지금 어디에 있을까? 정말 떠나면 어떡하지?"

까만 망토가 나래에게 바짝 다가서며 애처로운 표정으로 물었다.

"도대체 넌 누구니?"

까만 망토의 정체

"난…… 어둠의 신이야."

"뭐, 어둠의 신? 하하하, 너 만화 너무 많이 본 거 아니니?"

나래는 큰 소리로 웃었다. 그러나 까만 망토는 배를 쑥 내밀고는 아랑곳없이 말했다.

"나는 어둠을 몰고 오는 '어둠의 신'이란 말이야."

'신이라고? 생김새로 봐서는 땅꼬마가 제격이네.'

나래는 입 밖으로 튀어나오려는 말을 겨우 삼켰다.

"네 이름은 나래지? 초록 초등학교 4학년이고. 나는 어두운 저녁을 만들기 위해 세상 곳곳을 돌아다녀. 너희 집에도 날마다 찾아오기 때문에 잘 알지. 그런데 사람들은 나를 그다지 반기는 것 같지 않아. 너도 내가 별로니?"

나래는 까만 망토가 무슨 말을 하는 건지 알아들을 수가 없었다.

"뭐? 날마다 우리 집에 찾아왔다고?"

대답 대신 까만 망토는 혼잣말로 중얼거렸다.

"사람들은 왜 우리가 반갑지 않을까?"

"우리라니? 그럼, 너 말고 누가 또 있어?"

"나는 온 세상에 어둠을 몰고 오는 일을 해. 그러면 우리 누나는 칠흑같이 새까맣고 고운 가루를 뿌려서 세상을 까맣게 물들이지. 우리는 이렇게 어두운 밤을 만든단다."

"그럼, 네 누나도 신이니?"

"나는 '어둠의 신'이고, 우리 누나는 '밤의 여신'이야."

나래는 까만 망토의 말이 믿기지 않아 눈만 멀뚱거렸다.

"옛날 사람들은 해가 뜨면 움직이고 해가 지면 잠을 잤어. 그래서 어둠을 아무렇지도 않게 받아들였지. 그런데 요즘 사람들은 왜 자꾸만 어둠을 밀어내려고 하는 거니?"

까만 망토의 말대로 밤이 대낮처럼 밝은 곳이 많기는 하지만, 나래도 할 말은 있었다.

"밤에도 할 일이 많아서 그렇지. 숙제하랴, 책 읽으랴, 준비

물도 챙겨야 해. 엄마 아빠는 회사에서 돌아와 저녁을 먹고, 청소도 하고, 내 숙제도 봐 주셔. 그런데 어두우면 아무것도 할 수 없잖아?"

"맞아. 사람들은 밤에도 몹시 바쁘더라. 집 안에 불을 환하게 밝히는 것도 모자라서 거리엔 온통 가로등을 켜 놓고, 빌딩과 다리에도 화려한 조명을 장식해 놓고 말이야. 그러다 오늘처럼 정전이 될 땐 어떻게 하려고?"

까만 망토는 생각만 해도 눈이 부시다는 듯 말을 하면서 손으로 두 눈을 가렸다.

"집 안은 어둡고, 텔레비전도 못 보고, 컴퓨터도 할 수 없으니 일찍 자야지 뭐."

나래는 심드렁하게 대꾸했다.

"글쎄, 쉽게 잠들 수 있을까? 더운 여름날 밤에 선풍기와 에어컨이 멈추면 어떻게 될까? 겨울에 보일러가 멈추면 또 어떻게 되고? 엄청나게 추울 텐데 잠들 수 있겠어?"

"생각해 보니 그렇네. 그럼, 어쩌지?"

"가로등이 꺼져 있으면 어두워서 집 앞 가게도 못 가게 될 걸? 가게 간판이나 네온사인도 불이 꺼져 있겠지. 가게의 냉장고가 멈추면 아이스크림은 녹아 버리고, 겨울에는 따끈한 호빵도 식어서 딱딱하게 굳어 버리겠지. 하지만 세상이 캄캄

해지면 우리는 살판나는 거야. 바로 우리 세상이니까. 우와, 상상만 해도 신난다! 나는 누나와 손잡고 훨훨 날아다닐 수 있어."

까만 망토는 숨도 쉬지 않고 종알거리다가 두 팔을 넓게 펼쳤다. 그러자 망토가 활짝 펼쳐지고 까만 망토는 가볍게 공중으로 날아올랐다. 나래는 눈이 휘둥그레졌다.

'허걱! 정말 까만 망토는 사람이 아닌 게 확실하구나.'

"그런데 너희 누나는 왜 떠나려는 거니?"

까만 망토를 멍하니 쳐다보던 나래가 갑자기 생각난 듯 물었다. 그러자 까만 망토는 새처럼 사뿐히 바닥에 내려앉았다.

"이 지구별에서는 더 이상 살 수가 없대."

까만 망토는 금세 풀이 죽었다.

"왜?"

"사람들이 자꾸만 어둠을 몰아내고 있잖아. 나는 도시의 불빛을 피해 다니면서 힘들게 어둠을 만들어. 그런데 누나는 나를 기다리다가 지쳐 버렸어. 곧 새벽이 밝아 오니까 까만 가루를 제대로 뿌리지도 못한 채 번번이 사라지고 말았지. 누나는 지금 시름시름 앓고 있어. 그래서 떠나려는 거고."

"누나가 지구를 떠나면 어떻게 되는데?"

"지구에는 하루 종일 해가 내리쬘 거야. 어둡고 시원한 밤

은 사라지고 말아. 땅은 뜨겁게 달궈져 풀 한 포기 자라지 못하고, 물도 모두 말라 버리겠지. 지구는 곧 아무것도 살지 못하는 죽은 별이 되고 말 거야."

"그럼, 사람들은?"

"물이 없는 곳에서 사람이 살아남을 수 있을까?"

까만 망토는 입을 비죽거렸다.

"말도 안 돼! 우리가 도대체 뭘 어쨌다고? 밤이 밝으면 왜 안 되는 거야?"

나래는 억울한 생각이 들어서 따져 물었다.

"사람은 낮에 열심히 일하고 밤에는 푹 자야 해. 식물도 마찬가지고. 낮에는 빛을 받아서 열심히 광합성 작용을 하여 양분도 만들고, 밤에는 깊은 잠을 자야 하지. 그래야 잘 자라고 열매도 맺을 수 있거든. 그런데 밤이 너무 밝아지면서 문제가 생긴 거야."

"문제라니?"

문제라는 말에 나래는 날카로운 목소리로 물었다.

"벼 이삭이 여물지 않고, 시금치와 호박은 잘 자라지 못해. 달빛과 별빛을 보고 이동하는 철새들은 도시의 환한 불빛 때문에 높은 탑에 부딪혀 죽기도 하고. 고향으로 돌아오던 연어와 청어는 환한 불빛을 보고 몰려들었다가 다른 물고기들의 먹이가 되지. 또 깊은 잠을 자지 못한 사람들은 피곤해하고 병을 얻기도 해. 아이들은 눈이 나빠지기도 하지. 너는 밤이 점점 사라지는 이상한 세상에서 살고 있는 거야."

까만 망토는 또박또박 말했다. 나래는 자기도 모르게 고개를 끄덕였다.

"그런 줄 몰랐어. 우리가 사는 곳이 점점 이상해지고 있었구나."

"그러니까 나래야, 도와줘."

까만 망토가 다가와 나래의 손을 움켜 잡았다.

"내가 어떻게?"

"밤이 얼마나 소중한지 사람들이 알도록 해야 해. 우리 누나가 떠나지 않도록 작은 희망이라도 보여 줘야 해."

"희망?"

나래는 눈을 동그랗게 떴다. 까만 망토는 나래 눈을 똑바로 바라보았다. 나래도 까만 망토의 눈을 똑바로 바라보았다. 까만 망토의 눈은 슬퍼 보였지만 맑았다. 그 눈빛은 놀이동산에서 본 레이저 빛처럼 쏜살같이 나래의 가슴으로 파고드는 것만 같았다. 레이저 빛은 그물처럼 나래를 옭아매 꼼짝할 수 없게 만들었다.

"아, 알았어. 네 누나를 위해 희망을 찾아보자."

나래는 저도 모르게 대답을 하고 나서 화들짝 놀랐다. 자기가 한 말이지만 제멋대로 술술 입에서 흘러나온 것 같았다.

'내가 왜 이러지? 이미 뱉은 말인데 주워 담을 수도 없고, 어쩌지? 엄마가 오시기 전까지 집에 돌아와야 할 텐데……. 하지만 이 느낌은 뭘까? 새처럼 날 수 있는 까만 망토와 함께라면 왠지 흥미진진한 일이 일어날 것만 같아. 잠깐 동안이라면 뭐 어떻겠어?'

나래는 찜찜한 마음도 들었지만 어느새 설레는 마음이 더 커졌다.

"고마워. 정말 고마워!"

까만 망토는 기뻐 어쩔 줄을 몰라 했다. 다시 공중으로 날아오른 까만 망토는 나래 머리 위를 한 바퀴 빙 돌았다.

전깃줄 속으로

"그런데 전기는 도대체 어디에서 나오는 거니?"

망토를 접고 바닥으로 '쿵' 하고 내려온 까만 망토는 나래에게 얼굴을 들이대며 물었다.

"아이, 깜짝이야. 그야 전깃줄에서 나오지."

나래는 핀잔 섞인 목소리로 대답했다.

"전깃줄이 뭔데?"

"전기가 다니는 길!"

"그럼, 거기로 가 보면 되겠다."

"뭐라고? 어디로 간다고?"

나래가 어이없어하자 까만 망토는 두 눈을 게슴츠레 뜨고 망토를 활짝 펼쳤다. 그리고 세차게 펄럭이기 시작했다.

"기다려 봐."

그 순간 나래가 서 있는 방바닥이 '쿵' 하고 꺼지더니 아래로 떨어지는 느낌이 들었다. 마치 놀이공원에서 롤러코스터를 타고 내려올 때처럼 온몸이 짜릿했다.

"아악! 무서워."

나래는 눈을 꼭 감은 채 목이 터져라 소리를 질렀다. 귓속이 멍해지면서 이내 어딘가에 멈춰 선 느낌이 들었다. 나래는 감았던 두 눈을 살며시 떴다.

"아이, 눈부셔! 여기가 어디야?"

나래는 갑자기 쏟아진 밝은 빛 때문에 눈을 찡그렸다. 찡그린 채 천천히 둘러보니 무슨 터널 안 같았다.

"전깃줄 속이야."

까만 망토도 눈이 부신지 손으로 두 눈을 비비며 말했다.

"뭐, 전깃줄 속이라고? 말도 안 돼!"

나래는 고개를 절레절레 흔들었다. 터널 안에는 수많은 빛이 쏜살같이 내달리고 있었다. 그것은 기다란 줄처럼 보였다.

'정말 이곳이 전깃줄 속이란 말이야?'

"궁금하면 무조건 가 보는 게 내 원칙이거든. 지금 우리 몸

은 개미보다 더 작아져 있어."

"내 몸이 개미보다 작아졌다고?"

나래는 아까 롤러코스터를 탄 것 같은 충격 때문에 아직도 얼얼한 몸을 만져 보았다. 특별히 달라진 게 없는 것 같았다. 주변에 건물이나 가구 같은 것이 없으니 비교해 볼 수도 없

었다. 하지만 슬며시 걱정이 되었다.

"설마 개미만 한 몸으로 계속 살아야 하는 건 아니겠지?"

"물론이지. 여기서 나가면 다시 원래 몸으로 돌아갈 거야. 걱정하지 마!"

까만 망토가 자신 있게 대답하자 나래는 마음이 조금 놓였다. 이때 까만 망토가 지나가는 빛줄기에게 소리쳤다.

"얘들아, 전기가 어디에서 만들어지는지 말해 줄래?"

빛줄기에서 반짝이는 빛 하나가 빠져나오며 대답했다.

"그야 발전소지."

"발전소?"

까만 망토가 눈을 반짝이며 되물었다.

'그럼! 전기가 발전소에서 만들어지지, 어디서 만들어지겠니?'

나래는 까만 망토에게 또 핀잔을 주려다 입을 다물었다. 반짝이는 빛이 말했다.

"응. 사람들이 집이나 사무실에서 쓰는 전기는 발전소에서 만들어져. 발전소에서는 강물로 전기를 일으키거나 석탄이나 석유를 태워서 전기를 만들지. 또, 우라늄을 이용하거나 태양과 바람, 파도 같은 자연을 이용해서 전기를 만들기도 해."

빛은 말하는 동안에도 쉴 새 없이 반짝였다.

"그러면 사람들의 집까지는 어떻게 가는데?"

까만 망토가 호기심에 가득 찬 눈빛으로 다시 물었다.

"발전소에서 만들어진 전기는 전깃줄을 타고 변전소를 거쳐서 집으로 달려가지."

"변전소에는 왜 들르는 거야?"

나래가 끼어들었다.

"발전소는 도시에서 멀리 떨어진 강 상류나 바닷가에 자리 잡고 있어. 그런데 도시까지 전기를 보내려면 높은 전압으로 한꺼번에 보내야 해. 그래야 멀리까지 전기를 보낼 수 있고, 이동하면서 잃어버리게 되는 전기도 줄일 수 있거든. 변전소는 이렇게 전압을 높이거나 또 사람들이 안전하게 쓸 수 있게 다시 전압을 낮추는 일을 하지. 이런 과정을 거쳐 전기는 산 위에 있는 송전탑과 길거리에 있는 전봇대를 따라 길게 이어진 전선을 타고 집까지 가는 거야."

"전기는 정말 먼 길을 달려오는구나. 그런데, 정전은 왜 생기는 거야?"

나래는 방금 전까지 전기가 나가 불편했던 일이 떠올라 대뜸 물어보았다.

"전기는 생활에 편리하지만 매우 위험하기도 해. 누전이 되어 불이 날 수도 있고 잘못 만졌다가는 사람이 죽을 수도 있거든. 그런 위험을 막기 위해 정해진 양보다 더 많이 쓰면 저절로 전기가 끊어지도록 해 놓은 거야. 그러니까 정전이 되면 한꺼번에 너무 많은 전기를 쓴 것은 아닌지 잘 살펴봐야 해."

나래는 그동안 정전이 되면 불편하니까 무조건 안 좋은 거라고 생각했다. 그런데 반짝이는 빛의 설명을 들으니 꼭 그런 것만도 아닌 것 같았다.

넌 어디서 왔니?

"그런데 넌 어떻게 생겨난 거니?"

까만 망토가 갑자기 목소리를 낮춰 따지듯이 물었다. 반짝이는 빛은 어리둥절한 표정으로 되물었다.

"어떻게 생겨나다니?"

"옛날에는 해가 지면 온통 우리 세상이었어. 이 까만 망토를 휘두르면 하늘과 땅에 어둠이 퍼졌지. 그럼 우리 누나는 밤을 만들어서 모두가 편안하게 잠들 수 있게 해 주었다고. 그런데 전기가 생기고 나서 밤도 낮처럼 환해지면서 우리는 갈 데를 잃고 말았어."

까만 망토가 못마땅하다는 듯 얼굴을 찡그리자 이마에 쭈글쭈글 주름이 잡혔다. 반짝이는 빛은 언짢은 표정으로 나래와 까만 망토를 번갈아 바라보았다. 나래가 까만 망토를 거들고 나섰다.

"얘네 누나는 밝은 빛 때문에 병이 들었대. 그래서 누나를 낫게 할 방법을 찾으려는 거야."

"우리는 누가 만든 게 아니야. 원래 자연 속에 있었어. 사람들이 우리를 찾아내서는 마음대로 쓴 거라고."

반짝이는 빛은 화가 난 듯 목소리를 높였다. 그러자 뜨거운 열기와 함께 불꽃이 빠지직 튀었다. 나래와 까만 망토는 화들짝 놀라 뒤로 한걸음 물러섰다.

"까만 망토는 누나가 아파서 속이 상한 거야. 네가 어떻게 생겨났는지 알게 되면 덜 속상할 것 같아. 어때, 말해 줄 수 있겠니?"

나래는 반짝이는 빛을 살살 달랬다. 사실 나래도 전기가 어떻게 생겨났는지 궁금했다.

"알았어. 그렇다면 이야기해 줄게."

반짝이는 빛은 못 이기는 척 이야기를 시작했다. 하지만 아직 화가 덜 풀렸는지 깜빡일 때마다 작은 불꽃이 튀었다.

"아주 오래전 일이야. 아마 2500년 전쯤일 거야. 그리스에

 탈레스라는 철학자가 살고 있었어. 어느 날 탈레스는 털가죽으로 호박을 문질렀어. 그런데 갑자기 털이 일어나면서 주위에 있던 먼지와 물체를 막 끌어당기는 거야."
 "호박?"
 나래는 고개를 갸웃거렸다.
 "내가 말하는 호박은 채소가 아니라 광물이야. 나무에서 나온 끈끈한 액체가 땅속에 묻혀서 돌처럼 단단하게 굳어진 것 말이야."
 "아, 우리 할아버지 한복에 달려 있던 호박 단추 같은 걸 말하는 거구나! 엄마가 말해 줬어."
 나래는 신나서 손바닥을 마주쳤다.
 "맞아, 그 호박이야. 호박을 헝겊으로 문지르면 먼지나 실

오라기가 달라붙거든."

"정전기 말하는 거지?"

나래는 과학 시간에 배운 게 생각나 대뜸 말했다.

"그래, 맞아. 이렇게 문질러서 생기는 것을 마찰 전기라고 해. 사람들은 처음에 이 마찰 전기를 발견했지. 그런데 전기를 몰랐던 옛날 사람들은 호박 속에 신이 살고 있다고 생각했던 거야. 그래서 귀신 쫓는 부적이라며 호박을 몸에 달고 다녔단다. 또, 철학자들은 호박을 마법의 돌로 생각했대."

"하하하. 돌이 마법을 부린다고 생각하다니……."

까만 망토가 배를 잡고 허리를 구부리며 웃었다. 나래도 덩달아 깔깔 웃었다.

"그럼, 어떻게 해서 오늘날처럼 전기를 쓰게 되었어?"

나래가 웃음을 멈추고 묻자, 반짝이는 빛이 말을 이었다.

"그 뒤로 오랜 시간이 흐른 다음에 사람들은 마찰 전기를 알게 되었어. 1500년대 말, 영국의 길버트라는 의사는 마찰 전기를 처음으로 연구하고 실험으로 증명했어. 프랑스의 물리학자 뒤페와 이탈리아의 볼타 같은 과학자들도 전기에 대해 열심히 연구했지. 그 뒤에도 많은 과학자들이 연구를 거듭해서 지금처럼 전기를 쓸 수 있게 된 거야."

"한 사람이 아니라 수많은 사람들이 노력한 결과구나."

나래는 고개를 끄덕였다.

"뭐야. 그럼 과학자들이 너무 열심히 연구하는 바람에 우리 누나가 병이 든 거네."

까만 망토는 두 볼을 불룩하게 만들더니 입을 쑥 내밀었다. 그리고 두 눈마저 감아 버리자 마치 물 밖으로 나온 두꺼비 같아 보였다. 나래는 터져 나오는 웃음을 참으면서 물었다.

"그럼, 전기는 어디에나 있는 거야?"

"어디에나 있는 건 아니고, 전기를 뽑아내기 쉬운 물질이 있어. 그런 물질을 잘 이용하면 전기를 만들 수 있지. 이 전기 에너지를 전구에 연결하면 빛이 되고, 모터에 연결하면 동력이 되는 거야."

"잠깐! 전기 에너지가 뭐야?"

나래는 고개를 갸우뚱거렸다.

"먼저, 에너지가 뭐냐면…… 너도 한번쯤 밥 굶어 본 적 있을 거야."

나래는 반짝이는 빛을 물끄러미 바라봤다.

'에너지에 대해 물었는데 웬 밥 타령이람!'

"밥을 굶어 배가 고프면 힘이 빠지고 움직이기도 어렵잖아. 밥을 먹어야 힘이 불끈 솟아서 일어설 수 있지. 들판을 달리는 동물과 하늘을 나는 새도 먹이를 먹어야 힘껏 달리고 잘 날 수 있어. 마찬가지로 자동차와 비행기도 연료가 있어야 움직일 수가 있지. 에너지는 밥이나 먹이, 연료와 같은 거야. 그러니까 에너지란 일을 할 수 있는 힘이나 능력, 또는 물체를 움직이거나 물체에 변화를 주는 능력을 말해."

나래는 반짝이는 빛의 말에 고개를 끄덕였다.

"내가 날마다 먹는 밥도 에너지란 말이지? 에너지는 우리 가까이에 있었네."

"그래, 에너지는 우리 주위 어디에나 있어. 들어 봐. 멀리 날아가는 공, 달리는 자동차, 하늘을 나는 비행기처럼 움직이는 물체가 가진 에너지를 '운동 에너지'라고 해. 늘어난 고무줄이나 활시위가 팽팽하게 당겨진 활처럼 위치가 변하면서 생긴 에너지는 '위치 에너지'라고 하지."

반짝이는 빛은 말을 하면서 공을 던지고 고무줄을 당기는 시늉을 했다.

"그리고 낮에는 밝고 따뜻하지? 그건 태양으로부터 오는 빛 에너지와 열 에너지 때문이야. 또, 하늘의 구름은 발도 없고 날개도 없는데 어디론가 흘러가지? 그건 바람이 가진 에너지 때문이야. 이렇게 여러 가지 에너지가 있단다."

"아, 알았다. 전기 에너지도 그런 여러 에너지 가운데 하나구나!"

나래는 자기도 모르게 큰 소리로 외쳤다.

"그래. 전기 에너지는 사람들이 가장 쉽게 쓸 수 있는 에너지야. 스위치를 켜면 전등은 전기 에너지를 빛 에너지로 바꿔 주지. 콘센트에 플러그를 꽂으면 오디오는 전기 에너지를 소리 에너지로 바꿔 주고, 텔레비전은 빛과 소리 에너지로 바꿔 주고 말이야."

"맞아. 전기가 없으면 우리는 하루도 못 살 거야. 전기는 정말 소중하거든."

나래가 대놓고 반짝이는 빛의 말에 맞장구를 치자, 빛은 우쭐해져서 더욱 반짝거렸다. 까만 망토는 잘난 척하는 그 모습이 얄미워 슬그머니 고개를 돌려 버렸다. 그런 까만 망토는 아랑곳없이 나래는 두 팔을 들어 나는 시늉을 하며 말했다.

"우리가 꿈꾸는 모든 일도 에너지가 있어야 이루어지는 거란 말이지?"

반짝이는 빛은 까만 망토를 슬쩍 쳐다보더니 대답했다.

"물론이지. 하늘을 날고 싶고 바다 속도 궁금하지? 이웃 나라에도 가 보고 싶고? 에너지가 있어 이런 호기심도 풀 수가 있는 거야. 사람들은 비행기를 만들고, 잠수함을 만들고, 우주선까지 개발해서 미지의 세계를 찾아 떠나지. 사람이 사는 곳이라면 어디든 에너지가 필요하고, 또 새로운 에너지가 생겨나고 있어."

"와, 에너지는 정말 대단하고 멋진 것이구나."

나래는 이제 신이 나서 폴짝폴짝 뛰었다.

"에너지가 그렇게 대단한데 사람들은 왜 에너지를 함부로 쓰는 거래?"

까만 망토는 퉁명스럽게 말했다.

"너 화났니? 하지만 에너지가 대단한 건 맞는 말이잖아."

나래가 쏘아붙이자 까만 망토는 머쓱한지 입을 다물어 버렸다.

"난 말이야, 전기가 어떻게 만들어지는지 정말 궁금해. 같이 가서 볼 수 있을까?"

나래는 고개를 돌려 반짝이는 빛에게 말했다.

"그런데 어쩌지? 난 이제 그만 가 봐야 하거든. 너무 오래 머물렀어."

그러고 보니 반짝이는 빛은 아까보다 눈에 띄게 흐릿해져 있었다.

"그러지 말고 발전소에 직접 가 봐!"

나래가 우물쭈물하고 있는 사이에 반짝이는 빛은 이 한마

디를 남기고 거대한 빛줄기 속으로 빨려 들어갔다.

"어머, 잘 가! 고마워."

나래는 반짝이는 빛의 뒤통수에 대고 소리쳤다.

"발전소라는 곳에 정말 갈 거야?"

나래가 반짝이는 빛이 사라진 곳을 멍하니 바라보고 있는데 까만 망토가 물었다.

"전기가 어디에서 오는 건지 궁금해한 건 너잖아."

나래는 뾰로통해져서 까만 망토에게 쏘아붙였다.

"전깃줄 안도 이렇게 밝은데 전기를 만드는 발전소는 얼마나 밝을까? 눈이 부셔서 아마 난 견딜 수가 없을 거야."

까만 망토는 고개를 떨구었다.

"우리 아빠는 운전할 때 눈이 부시면 선글라스를 쓰던데……."

"선글라스? 그 생각을 못했네."

까만 망토가 갑자기 주머니 속으로 손을 집어넣더니 뭔가를 꺼냈다. 검푸른 빛이 나는 선글라스였다.

"나 어때? 멋있어?"

까만 망토는 선글라스를 쓴 채 나래 곁에 바짝 다가와 고개를 까딱까딱했다.

"음, 그럭저럭."

나래는 마지못해 대꾸했다. 그러고서는 선글라스를 끼고 까불대는 까만 망토가 밉살스러워 한마디 덧붙였다.

"근데, 너 정말 누나 걱정 하는 거 맞니?"

"무슨 소리야! 나한테는 하나밖에 없는 누난데……. 난 언제나 누나 생각뿐이라고!"

까만 망토는 벌컥 소리를 지르다가 제풀에 머쓱해져 조용히 덧붙여 말했다.

"어서 가자!"

까만 망토는 그새 망토를 넓게 펼치고 있었다.

"잠깐, 어디……."

나래의 말이 끝나기도 전에 까만 망토가 소리쳤다.

"발전소로 가자구! 자, 내 망토 꽉 잡아. 야호!"

나래는 엉겁결에 망토를 꽉 움켜쥐었다. 그러자 이번에도 롤러코스터를 탄 것처럼 어딘가로 쏜살같이 내달렸다.

물은 힘이 세다

"쏴아!"

엄청난 물소리에 나래는 소스라치며 눈을 떴다. 저편에서 시원한 물줄기가 쏟아져 내리고 있었다. 맑은 물이 흐르는 강 한가운데에는 거대한 댐이 가로막고 있었다.

"여기가 도대체 어디야?"

까만 망토는 대답 대신 두 눈을 가리고 있던 손을 살짝 떼 보았다. 선글라스는 어디론가 사라지고 까만 망토는 맨눈이었다. 나래가 까만 망토를 나무 그늘 아래로 잡아끌며 말했다.

"저쪽 그늘로 가자!"

그때였다. '출렁' 하는 소리와 함께 차가운 물방울이 온몸에 튀었다.

"앗, 차거!"

"아, 망토가 다 젖어 버렸네. 이러면 날아오를 때 힘든데……."

까만 망토는 울상을 지으며 옷을 쓰다듬었다.

"너희들 어떻게 왔니?"

나래와 까만 망토는 난데없는 여자 목소리에 뒤를 돌아보았다.

"누, 누구세요?"

나래가 말했다. 목소리의 주인공은 사자 갈기처럼 뻗은 머리카락을 치렁치렁 드리우고 있었는데, 머리카락 사이로 보이는 얼굴은 물방울처럼 투명해 보였다.

"외계인 아냐?"

나래가 까만 망토에게 귓속말로 속삭였다.

"외계인은 아니니까 놀라지 마. 나는 물의 요정이란다."

부드러운 말투였지만, 나래는 괜히 뜨끔했다. 하지만 까만 망토는 아무렇지도 않다는 듯 물의 요정을 빤히 쳐다보며 말했다.

"물어볼 게 있어서 왔어요."

"그게 뭘까?"

물의 요정은 까만 망토에게 성큼 다가섰다. 물의 요정이 움직일 때마다 머리카락과 옷자락에서는 커다란 구슬 같은 물방울이 사방으로 튀었다. 햇빛을 받은 물방울은 아름다운 무지갯빛으로 빛났다.

"물은 어떻게 전기를 만들어요?"

"오호!"

물의 요정은 어깨를 크게 들썩이며 놀란 시늉을 했다. 그러고 나서 아직도 미심쩍은 눈초리로 자신을 바

라보고 있는 나래에게 물었다.

"네 이름은 뭐니?"

"제, 제 이름은 나, 나래예요."

갑작스러운 질문에 나래는 말을 더듬거렸다. 물의 요정은 빙그레 웃으면서 나래의 손을 살짝 잡았다가 놓았다. 나래는 얼굴이 발개졌다.

'요정의 손은 차갑고 축축할 줄 알았는데 부드럽네.'

"아주 좋은 이름이구나. 그리고 너는 어둠의 신이지?"

물의 요정이 까만 망토를 보고 말했다.

"네!"

까만 망토는 큰 소리로 대답했다.

'참, 까만 망토는 사람이 아니라 신이었지.'

나래는 그 사실이 새삼스러워 까만 망토를 흘깃 바라보았다.

"여기까지 온 걸 보니 호기심이 많은 아이들이로구나. 그래, 말해 줄게. 너희는 물이 얼마나 힘이 센지 아니?"

"물이 힘이 세요?"

까만 망토와 나래는 입을 맞춘 듯 함께 외쳤다.

"장마 때 비가 많이 내려서 큰 물줄기가 만들어지면 집과 사람, 가축까지도 물에 쓸려 가잖니? 그만큼 물은 힘이 세지."

"그럼, 요정님도 히, 힘이 세나요?"

나래는 다시 말을 더듬거렸다. 물의 요정이 나래와 까만 망토를 번갈아 바라보며 물었다.

"너희는 내가 무섭니?"

"아니요! 우린 그냥 물이 어떻게 전기를 만드는지 그게 궁금할 뿐이에요."

까만 망토가 고개를 크게 저으며 씩씩하게 대답했다. 그 모습을 보고서 물의 요정이 또 빙그레 웃었다. 웃는 모습을 보니, 물의 요정이 힘이 셀지는 몰라도 아무 이유 없이 함부로 힘을 쓸 것 같지는 않았다.

"물은 언제나 높은 곳에서 아래로 흘러내리지. 물의 이런 성질을 이용해서 전기를 일으키는 거야. 이것을 '수력 발전'이라고 해."

물의 요정이 조용조용 설명했다. 그러자 까만 망토가 고개를 갸웃하며 물었다.

"아래로 흐르는 물이 어떻게 전기를 만들죠?"

"물론 그냥 흘러서는 큰 힘을 만들 수가 없어. 그래서 강한 가운데에 저렇게 높은 댐을 쌓아서 물을 모았다가 그 물을 아래로 떨어지게 하는 거야. 이때 물이 떨어지면서 생기는 강한 힘이 발전소 안에 있는 수차를 돌리고, 그러면 수차에

연결된 발전기가 움직이면서 전기를 만들게 되지."

말을 하면서 물의 요정은 기다란 손가락으로 호수 아래쪽을 가리켰다.

"수차가 뭐예요?"

이번에는 나래가 물어보았다.

"물레방아 본 적 있니?"

"네, 자연사박물관에서 봤어요."

나래는 자기도 모르게 소리 높여 대답했다. 물의 요정이 웃으며 손가락으로 나래의 콧등을 살짝 눌렀다. 나래는 온몸으로 시원한 느낌이 사르르 번지는 것 같았다.

"수차는 물이 지나갈 때 물과 함께 돌면서 힘을 얻는 기계란다. 물레방아와 같은 거라고 생각하면 돼."

'아, 물레방아 같은 거구나.'

나래가 고개를 끄덕이자, 물의 요정이 말을 이었다.

"그런데 물이 떨어지는 힘을 이용하기 때문에 댐과 발전소는 보통 큰 강 상류에 만들지."

"호수가 엄청 넓네요!"

까만 망토가 느닷없이 외쳤다.

"이 호수는 원래 있던 것이 아니야. 사람들이 댐을 만들면서 생긴 것이지. 이 인공 호수의 물은 전기를 일으키는 데에도 쓰지만, 물을 가두어 두었다가 농사를 지을 때나 공장에서 물건을 만들 때에 쓰기도 해. 그것뿐만이 아니야. 집에서 마시는 물로도 이용하고, 가뭄과 홍수를 조절하기도 한단다. 게다가 댐 주변에 공원을 만들면 사람들이 소풍을 올 수도 있지."

그때 호수 쪽에서 서늘한 바람이 불어왔다. 나래는 으스스해져서 두 팔로 어깨를 감쌌다.

"안개가 몰려오고 있어."

물의 요정이 얼굴을 살짝 찌푸리더니 두 눈을 꼭 감았다. 그러자 긴 속눈썹을 타고 물방울이 똑똑 떨어졌다. 눈물인 것 같기도 하고 아닌 것 같기도 했다.

"왜 갑자기 안개가 몰려드는 거죠?"

나래가 점점 안개 속으로 사라져 가는 호수를 바라보며 물었다.

"한꺼번에 많은 물이 고여 있어서 안개가 자주 생기는 거란다. 그래서 댐 가까이 있는 논밭에서는 농작물이 제대로 영글지 못해. 사람들은 호흡기 병에 걸려 고생도 하지."

물의 요정은 여전히 눈을 감은 채 숨을 깊이 들이마셨다. 그러다가 다시 눈을 뜨고 말을 이었다.

"댐이 들어서면서 집과 논밭이 물속에 잠기게 되자 이곳에

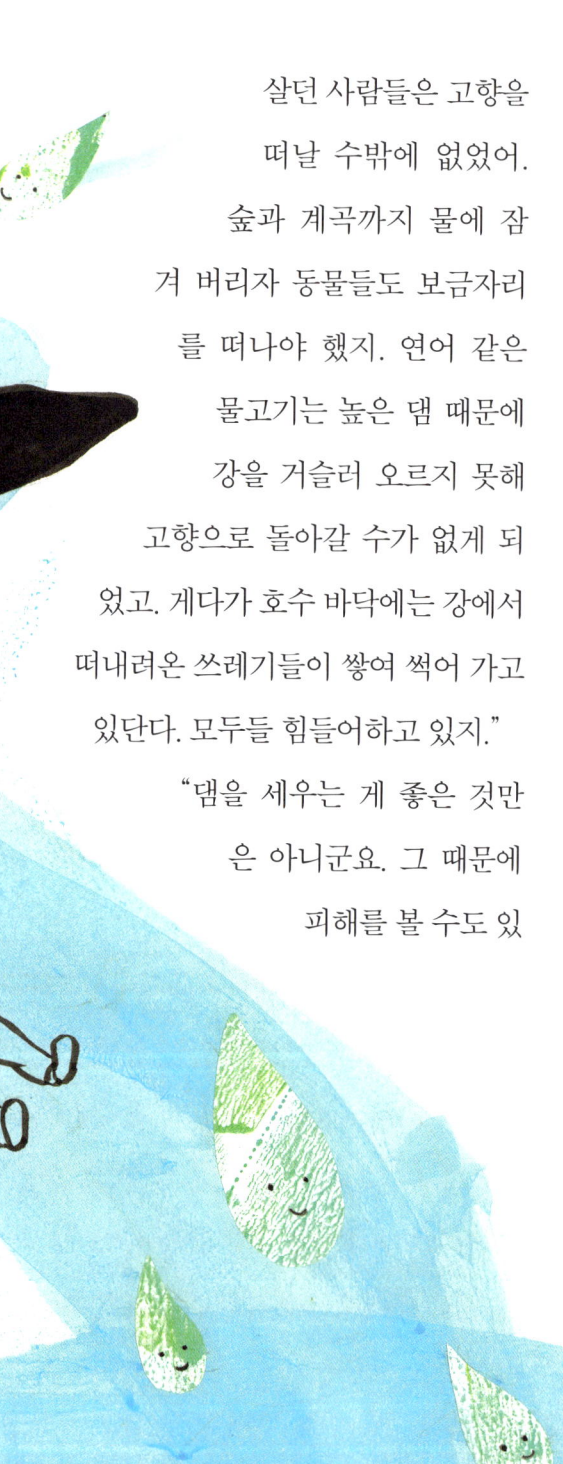

살던 사람들은 고향을 떠날 수밖에 없었어. 숲과 계곡까지 물에 잠겨 버리자 동물들도 보금자리를 떠나야 했지. 연어 같은 물고기는 높은 댐 때문에 강을 거슬러 오르지 못해 고향으로 돌아갈 수가 없게 되었고. 게다가 호수 바닥에는 강에서 떠내려온 쓰레기들이 쌓여 썩어 가고 있단다. 모두들 힘들어하고 있지."

"댐을 세우는 게 좋은 것만은 아니군요. 그 때문에 피해를 볼 수도 있으니까요. 물이 어쩐지 무서워요."

나래가 나직하게 말했다.

"조용히 흘러가는 물은 조금도 위험하지 않아. 그러나 물길을 억지로 막거나 돌리면 물은 화를 내고 말지. 그럼, 사람의 힘으로는 도저히 막을 수 없는 큰일이 일어날 수도 있단다."

물의 요정이 힘주어 말할 때마다 사방으로 물방울이 흩뿌려졌다.

"물은 우리한테 이로운 점도 많지만 조심해야겠어요."

나래가 중얼거리자, 물의 요정이 다시 부드러운 목소리로 말했다.

"얘들아, 내 친구 한번 만나 보겠니?"

"누군데요?"

나래와 까만 망토가 함께 외쳤다. 그러자 물의 요정은 팔을 크게 벌렸다. 다음 순간 요정의 손끝에서 푸르스름한 물줄기가 솟아 나와 나래와 까만 망토의 머리 위로 툭 떨어졌다. 물줄기는 눈 깜짝할 사이에 물기둥으로 변했고, 나래와 까만 망토는 물기둥을 타고 아래로 아래로 쏜살같이 빨려 들어갔다.

연료가 필요해

"앗, 뜨거워!"

나래는 홧홧한 불기운을 느끼고 소리를 질렀다. 방금 물기둥에 휩싸였는데 어느새 눈앞에는 새빨간 불꽃이 일렁이고 있었다.

"아이고, 더워."

까만 망토도 더운지 망토를 부채처럼 흔들며 바람을 일으켰다.

"여긴 어디지?"

나래가 두리번거리며 말했다.

"어서 오너라, 얘들아."

우렁찬 목소리가 들려 나래는 뒤를 돌아다봤다. 하지만 활활 타오르는 불꽃밖에는 보이지 않았다. 그런데 찬찬히 살펴보니 불꽃 머리를 한 키 큰 아저씨가 코앞에서 웃고 있었다. 붉은색과 오렌지색이 섞인 머리는 무스를 바른 것처럼 하늘로 뻗쳐 커다란 얼굴과 전혀 어울리지 않았다. 그렇지만 웃는 모습은 마음씨 좋은 아저씨 같았다.

"아하, 아저씨가 불의 신이군요."

나래가 아저씨를 살피느라 아무 말도 안 하고 있으니까 까만 망토가 먼저 알은척을 했다.

"그렇단다. 그냥 불 아저씨라고 부르렴. 너희는 어떻게 이곳에 왔니?"

불 아저씨는 말을 하면서도 쉬지 않고 작은 불꽃을 일으켰다. 아저씨의 손길이 닿는 곳마다 불꽃이 하나 둘 피어올랐다. 하지만 이상하게도 더 이상 뜨겁지는 않았다.

"물의 요정이 저희를 여기로 보내 주었어요. 그런데 불로도 전기를 일으킬 수 있나요?"

이번에는 나래가 냉큼 물어보았다.

"물론이지."

"어떻게요?"

나래와 까만 망토가 입을 모아 합창하듯이 소리쳤다.

불 아저씨는 목에 두른 수건을 풀어 이마를 훔치고 나서 말했다.

"물에 엄청난 힘이 있듯이, 불에도 그런 힘이 있단다. 그런데 불로 전기를 만들려면 연료가 있어야 해. 석탄, 석유, 천연가스 같은 연료를 때서 화력 발전소 안에 있는 거대한 보일러를 데워야 하거든. 보일러가 데워지면 그곳에 가득 차 있는 물이 끓으면서 수증기가 생겨난단다. 그 수증기가 관을 통해 한꺼번에 쏟아져 나오면서 아주 큰 힘을 만들어 내지."

"보일러요?"

나래가 고개를 갸웃거리자, 불 아저씨는 잠깐 생각하더니 말을 이었다.

"혹시 달걀을 전자레인지에 넣고 익혀 본 적 있니?"

나래는 고개를 가로저었다.

"그러면 어떻게 되는데요?"

"'펑' 하고 터지지. 달걀 속의 수분이 증발하면서 부피가 늘어나니까 껍데기가 견디지 못하고 터지는 거야. 화력 발전은 그것과 비슷한 원리야. 보일러에서 물을 끓여 수증기를 만든 다음, 관을 통해 한꺼번에 쏟아 내는 거지. 그때 나오는 증기의 힘이 어마어마한데, 그 힘으로 터빈을 돌리고 터빈과

연결된 발전기를 돌리는 거야."

불 아저씨가 열심히 이야기할 때에는 불꽃이 타다닥 더 크게 일었다.

"터빈이 뭐예요?"

나래가 눈을 반짝이며 물었다.

"좀 어려운 말이지? 터빈은 물이나 가스, 수증기 같은 것에서 힘을 얻어 회전 운동을 하면서 에너지를 만드는 기관이야. 터빈은 소용돌이 모양이라는 뜻이지."

불 아저씨의 이야기를 들으면서 나래는 물의 요정이 한 말이 생각났다.

"그럼, 터빈도 물레방아랑 비슷한 거군요."

"그렇단다. 풍차나 물레바퀴와도 비슷한 원리지."

"하지만 물은 제 힘으로 수차를 돌리는데, 불은 연료가 필요하네요."

나래가 또랑또랑한 목소리로 말하자, 까만 망토가 짐짓 놀라는 척했다.

"그래. 불로 전기를 만드는 화력 발전은 석탄이나 석유 같은 연료를 많이 태워야 해. 나래가 태어난 한국에서는 이 연료가 모자라서 다른 나라에서 사와야 하지. 그래서 배로 실어 온 무거운 연료를 운반하기 쉽게 강가나 바닷가에 발전소를 세우는 거란다."

"아하, 그렇군요."

나래는 지난 휴가 때 차를 타고 바닷가를 지나다가 본 커다란 굴뚝이 솟은 화력 발전소가 떠올랐다.

'그런데 아저씨는 어떻게 내 이름도 알고 내가 태어난 나라도 알지?'

나래는 궁금했지만 물어볼 새도 없이 불 아저씨는 말을 이어 나갔다.

"그리고 뜨거워진 터빈을 식히려면 물이 많이 필요해. 그것 때문에라도 강가나 바닷가에 발전소를 세우지. 물론 전기를 많이 쓰는 대도시에 세우기도 하지만 말이야."

불 아저씨의 불꽃 머리가 더욱 세게 타오르는 것을 쳐다보면서 나래가 다시 물었다.

"그럼, 터빈을 식힌 물은 어떻게 하는데요?"

"강이나 바다로 흘려보내지. 차가운 물이 발전소에 들어갔다가 전기를 일으킨 뒤 다시 나올 땐 아주 뜨거워져 있어. 그래서 이 물이 가까이에 있는 강이나 바다에 흘러들면 강물과 바닷물의 온도가 높아진단다. 여름에는 7~8도, 겨울에는 11~12도나 높아지지."

"네? 그렇게 온도가 올라가도 물속에 사는 물고기와 식물들한테 괜찮아요?"

나래는 자기도 모르게 목소리를 높였다.

"바닷물은 1도만 높아져도 바다 생태계에 큰 영향을 미치지. 어떤 물고기는 본래 살던 물보다 3~5도만 높아져도 살 수가 없대."

"그러다 물고기들이 다 죽어 버리겠어요. 물고기를 잡거나 양식업을 하는 사람들은 어떡해요?"

나래의 말에 불 아저씨는 얼굴이 어두워졌다.

"그래. 어부들이 피해를 보는 것도 큰일이고, 물속 생물들이 괴로워하다가 죽거나 멀리 도망가 버리는 것도 문제야. 또, 화석 연료를 태울 때에 나오는 이산화탄소와 이산화황 같은 기체는 공기를 오염시키지. 화석 연료 가운데 하나인 석탄은 까만 먼지를 일으키기도 해."

나래와 까만 망토가 뚱한 표정으로 서로 바라보고 있을 때, '펑' 하는 소리와 함께 불꽃이 빠지직 튀더니 땅속에서 동그란 공 같은 것이 튀어 올라왔다.

작은 고추가 맵다?

"아이쿠!"

나래와 까만 망토는 너무 놀라 엉덩방아를 찧고 말았다.

"놀라게 해서 미안."

땅속에서 튀어 올라온 괴상하게 생긴 아이가 제자리에서 공처럼 통통 튀면서 말했다.

"말로만 미안하다고 하면 돼? 사과를 하려면 똑바로 서서 제대로 해야지."

까만 망토가 먼저 엉덩이를 털고 일어나면서 쏘아붙였다. 나래도 얼얼해진 엉덩이를 문지르며 일어났다.

"그래, 우라늄 동자야. 제대로 사과를 해야지?"

"아저씨도 참, 우리가 멈춰 서는 게 얼마나 어려운지 잘 아시면서……. 좀 도와주세요."

불 아저씨는 우라늄 동자의 머리를 꽉 움켜쥐고 지그시 눌렀다. 불 아저씨 손아귀에서도 한동안 들썩이던 우라늄 동자가 겨우 제자리에 멈춰 섰다. 서고 보니 아주 작은 키였다. 까만 망토보다도 훨씬 작아서, '땅꼬마'는 오히려 우라늄 동자한테 더 어울리는 말이었다.

'우라늄 동자? 이름도 괴상하네. 도대체 뭐 하는 애람?'

나래가 궁금한 듯 까만 망토를 쳐다보았다. 까만 망토는 어깨를 들썩해 보였다.

"안녕? 나는 우라늄이야. 우라늄 동자라고들 부르지."

숨을 고르고 나서 우라늄이 말했다.

"흥, 우라늄이 뭐야?"

나래는 아직도 엉덩이를 문지르고 있었다.

"날 모른다고? 어떻게 나를 모를 수가 있니? 세상에서 가장 힘센 이 우라늄을!"

우라늄 동자는 손바닥으로 제 가슴을 탁탁 쳤다.

"얼마나 힘이 세다는 거야, 도대체?"

나래는 팔짱을 낀 채 콧방귀를 뀌었다.

"우라늄 동자야. 우쭐거리지만 말고 네가 누군지, 그리고 왜 여기에 왔는지 설명을 해 줘야지."

불 아저씨가 한마디 하자 우라늄 동자는 다시 제자리에서 통통 튀었다. 그것은 마치 발을 동동 구르는 것처럼 보였다.

"너희가 전기를 만드는 방법을 공부하러 다닌다고 해서 일부러 찾아온 거야."

"그럼, 너도 전기를 만든다는 거니?"

나래가 미심쩍은 눈초리로 물었다.

"당연하지. 그것도 엄청 많이!"

우라늄 동자는 두 눈을 감고서 스스로 대견스럽다는 듯 고개를 끄덕끄덕했다.

"우라늄 동자, 잘난 척 그만 하고 설명이나 하시지!"

불 아저씨가 싱글거리며 끼어들었다.

"우라늄은 1그램만 있어도 석탄 3톤이나 석유 9드럼만큼의 에너지를 만들어 낼 수 있다고. 작은 고추가 맵다는 게 바로 우리를 두고 하는 말이지."

우라늄 동자가 또 제 가슴을 탁탁 쳤다.

"뭐? 정말 대단하구나! 어떻게 그런 힘이 나오는 거야?"

나래는 팔짱을 풀고 우라늄 동자 곁으로 바짝 다가섰다. 그때까지 못마땅한 표정을 짓고 있던 까만 망토도 고개를 돌려

우라늄 동자를 바라봤다. 우라늄 동자는 나래의 물음에 대답은 하지 않고 둘을 번갈아 바라보더니 되물었다.

"너희들은 이 세상이 무엇으로 이루어졌다고 생각하니?"

나래와 까만 망토는 무슨 말을 해야 할지 몰라 눈만 깜박이며 서로 쳐다보았다. 우라늄 동자가 말했다.

"우리를 둘러싼 모든 것들은 눈에 보이지 않는 아주 작은 입자로 이루어져 있어. 그걸 '원자'라고 하지. 원자는 '더 이상 나눌 수 없는'이라는 뜻을 가지고 있어."

"원자와 우라늄이 무슨 상관이야?"

까만 망토가 쏘아붙였다.

"자, 내 설명을 들어 봐. 원자는 원자핵과 그 주위를 도는 전자로 이루어져 있어. 원자핵은 또 양자와 중성자로 되어 있고. 그런데 우라늄같이 무거운 성질을 가진 원자핵은 중성자를 흡수하면 둘로 쪼개지는데, 이것을 '핵분열'이라고 해. 이때 엄청나게 센 에너지가 나오지. 그리고 원자핵이 쪼개질 때 중성자가 함께 튀어나오는데, 이 중성자가 다른 원자핵에 흡수되면서 계속 핵분열을 일으킨단다. 이렇게 얻은 어마어마한 열로 물을 끓여서 수증기를 만들어."

"그다음엔 뜨거운 수증기로 발전기의 터빈을 돌려서 전기를 만드는 거지?"

나래가 우라늄의 말을 가로챘다. 그러자 불 아저씨가 우라늄 동자 대신 말을 이었다.

"이것을 원자력 발전이라고 해. 우라늄은 적은 양으로 전기를 일으킬 수 있어서 사람들이 무척 좋아하게 되었단다. 너희 한국에서 사용하는 전기 가운데 약 40퍼센트가 원자력 발전으로 얻는 거잖니."

"40퍼센트나요?"

나래는 믿기지 않는다는 듯 중얼거리며 우라늄 동자를 바라보았다. 불 아저씨가 덧붙여 말했다.

"게다가 원자력 발전은 에너지를 만들 때 공기를 오염시키는 기체를 내뿜지도 않아. 아주 깨끗한 자원이지."

불 아저씨의 말에 우라늄 동자가 으스댈 줄 알았는데, 뜻밖에도 조용한 목소리로 말했다.

"하지만 사람들은 나를 별로 좋아하지 않아. 아니, 두려워하지."

"나라도 잘난 척하는 애는 안 좋아하겠다."

까만 망토가 비아냥거렸다. 하지만 우라늄 동자는 아무런 대꾸도 하지 않았다. 그러고는 더욱 기어 들어가는 목소리로 말했다.

"사실은 그래서 너희를 만나러 온 건데. 내 고민을 털어놓으려고 말이야."

"고민이 뭔데?"

나래와 까만 망토는 우쭐거리던 우라늄 동자가 갑자기 풀이 죽으니까 조금 안돼 보였다.

"우라늄은 전기를 일으킬 때 방사선이 나와. 그런데 이 방사선이 문제야. 사실 방사선은 태양에서도 나오고 땅에서도 나오지. 사람들은 일부러 방사선을 만들기도 해. 병원에서 엑스레이 촬영 해 본 적 있지?"

"응. 작년에 넘어져서 팔이 부러졌는데, 그때 엑스레이를 찍었어."

나래는 지난여름에 내리막길을 뛰어 내려오다가 넘어져서 팔이 부러졌다. 의사 선생님이 엑스레이를 찍어 보고 나서 뼈에 살짝 금이 간 것뿐이라고 했지만 무척 아팠다. 그때 일이 떠올라 나래는 얼굴을 찡그렸다.

"그래, 엑스레이 덕분에 얼마나 다쳤는지 알 수 있어서 알맞은 치료를 해 나가는 거야. 방사선은 이렇게 병원에서 쓰일뿐 아니라 텔레비전이나 전자레인지에도 쓰이고, 공항의 보안 검색 장치에도 쓰인단다."

"그럼 좋은 거잖아. 도대체 뭐가 문제라는 거니?"

나래가 물었다. 까만 망토는 지루한지 하품을 하며 기지개를 켰다.

"내 얘기 잘 들어. 자연에서 나오는 방사선은 약해서 생물한테 괜찮지만, 원자력에서 나오는 강한 방사선을 직접 쐬면 큰일나. 사람은 병이 생기고, 엄마 뱃속의 아기도 기형아로 태어나거나 죽기까지 해. 몸에 남은 독성은 후손에게 전해질 정도로 무섭다니까."

"맞아. 책에서 본 적 있어. 어느 나라의 원자력 발전소에서 사고가 나서 사람들이 엄청나게 죽고 병들었댔어. 그곳에서 태어난 기형아 사진도 봤는데, 너무 끔찍해서……."

나래는 머리만 크고 몸은 바싹 야윈 채 누워 있던 아이 모습이 떠올라 말을 잇지 못했다.

"그건, 1986년에 우크라이나 체르노빌에 있는 원자력 발전소가 폭발한 사고야. 그날 발전소에서는 전기 실험을 하고 있었어. 그런데 실험을 시작한 지 몇 초 만에 수증기가 압력을 이기지 못해 폭발해 버린 거야. 그 바람에 원자로 뚜껑이 터지고 발전소 지붕이 날아가면서 방사성 물질이 하늘을 뒤덮었지. 이 사고로 수많은 사람들이 죽거나 피해를 보았어. 수십 년이 지난 지금까지도 병을 앓는 사람들이 있어. 체르노빌은 아무도 살 수 없는 땅이 되어 버렸고."

우라늄 동자는 코가 땅에 닿을 만큼 머리를 숙인 채 말을 이었다.

"그러니 사람들이 날 좋아할 리가 없지. 하지만…… 우리는 사람이든 다른 생물이든 해칠 마음은 없어. 정말 없다고. 그런데 사람들은 전기를 만들고 난 다음엔…… 흑, 우리를 천덕꾸러기로 여겨. 흑흑."

우라늄 동자가 코를 훌쩍이며 울먹이기 시작했다. 그런데 눈치 없이 까만 망토가 냉큼 물었다.

"왜 천덕꾸러기라는 거야?"

불 아저씨가 울먹이는 우라늄 동자를 대신해서 설명해 주었다.

"우라늄은 전기를 일으키고 난 뒤에 쓰레기를 남기는데, 이것을 핵폐기물이라고 하지. 이 쓰레기도 독성이 무척 강해서 해를 입지 않으려면 잘 처리해야 하거든. 하지만 사람들이 전기를 많이 쓰게 되면서 핵폐기물도 점점 늘어나는데도 아직 안전하게 처리할 방법을 찾지 못해 걱정이란다."

"전기를 쓰는 것은 잠깐인데, 그 때문에 나오는 쓰레기는 아주 오랫동안 위험하다는 거죠?"

나래가 우라늄 동자와 불 아저씨를 번갈아 바라보며 말했다.

"그래. 더 큰 걱정은 지금처럼 우라늄을 많이 쓰면 앞으로 60년 뒤에는 우라늄이 하나도 안 남는다는 거야."

"60년이요?"

우라늄 동자는 자리에 털썩 주저앉았다.

"나는 사라지고 싶지 않아. 으아앙!"

기어코 우라늄 동자가 울음을 터뜨렸다. 나래는 우라늄 동자가 가엾어 코끝이 찡했다. 까만 망토도 어느새 우라늄 동자의 눈물을 닦아 주고 있었다.

"우라늄 동자야, 울지 마. 내가 도와줄게."

"그래. 나도 도와줄게. 사람들에게 네 이야기를 들려줄게."

나래도 까만 망토를 따라 우라늄 동자를 달래며 말했다. 나래는 사람들이 벌인 일 때문에 우라늄 동자가 힘들어하는 것 같아 미안한 마음이 들었다. 또, 지금까지 자기가 전기를 헤프게 쓴 것도 미안했다.

"이제 그만 그쳐라, 우라늄 동자야."

불 아저씨가 우라늄 동자를 일으켜 세우며 토닥였다. 우라늄 동자는 눈물을 닦고 나서 나래의 손을 잡으며 말했다.

"미안해, 너무 울어서. 그렇지만 사람들이 더 이상 나를 미워하지 않도록 도와줘. 그리고 우리가 지구에서 사라지지 않도록 도와줘야 해, 꼭!"

나래는 마주 잡은 손에 힘을 주었다.

"응. 널 도울 수 있는 방법을 찾아볼게."

"고마워! 난 그만 가 볼게. 모두 안녕! 아저씨, 안녕히 계세요."

우라늄 동자는 말을 마치자마자 '펑' 하는 소리와 함께 불꽃을 일으키면서 땅속으로 쏙 사라졌다.

언제까지
펑펑 쏠 수 있을까?

"어……."

"쟤는 올 때도 갈 때도 요란스러워!"

나래가 멍하니 우라늄 동자가 사라진 곳을 바라보고 있는데, 뒤에서 까만 망토가 투덜거렸다.

"저 녀석은 성질이 급해서 말이야. 허허허."

불 아저씨는 이마에서 흐르는 땀을 닦으며 말했다.

"우라늄 동자를 어떻게 도와주지? 우리 누나도 빨리 찾아야 하는데……."

까만 망토는 이제야 걱정이 되는 모양이었다.

"그러면서 왜 도와준다고 큰소리친 거야?"

"너도 도와준다고 그랬잖아?"

"그거야…… 난 너를 돕겠다고 나선 것뿐이지. 나도 몰라. 이제 네가 다 알아서 해."

나래는 자꾸 일이 커지는 것 같아 슬슬 걱정이 되었다. 더욱이 까만 망토 때문에 벌어진 일이라고 생각하니 괜스레 화가 났다. 까만 망토는 까만 망토대로 나래한테 핀잔을 받고 울컥하는 마음이 들었다.

"뭐라고?"

까만 망토가 버럭 소리를 질렀다.

"너희가 이렇게 싸우면 난 그만 들어가련다."

불 아저씨가 수건을 바지에 대고 탁탁 털면서 몸을 돌리는 시늉을 했다.

"죄송해요, 아저씨."

까만 망토가 후다닥 아저씨를 붙잡았다. 아저씨가 빙긋이 웃었다.

"그나저나 나도 이 일을 오래할 것 같지는 않구나."

아저씨가 웃음을 거두며 말했다.

"왜요?"

나래와 까만 망토는 놀란 목소리로 함께 외쳤다.

"나도 걱정이 많단다, 휴우."

불 아저씨는 한숨을 길게 쉬고 잠자코 있었다. 나래가 조용히 물었다.

"혹시 아저씨의 연료인 석탄과 석유, 천연가스도 없어지는 건가요?"

"그렇단다. 오래지 않아……."

불 아저씨의 얼굴이 어두워졌다. 나래는 뭐라고 말해야 될지 몰라 망설이고 있는데 까만 망토가 또 눈치 없이 끼어들었다.

"그런데 석탄, 석유, 천연가스는 어디에서 오는 거예요?"

"그것은 아주 오래전 지구에서 살았던 동물과 식물이 땅속에 묻히면서 썩고 분해되어 만들어졌어. 이렇게 화석처럼 굳은 동물과 식물은 수억 년이 넘게 흙에 눌리고 땅속에서 올라오는 열을 받으면서 차츰 성질이 바뀌었지. 그래서 석탄과 석유, 천연가스를 화석 연료라고 한단다. 오늘날 사람들이 이용하는 에너지는 대부분 이 화석 연료에서 얻지."

"와아! 그럼, 지구가 스스로 화석 연료를 만든 거네요?"

나래는 지구가 연료를 만들어 낸다는 사실이 신기해서 소리쳤다.

"그래. 화석 연료 가운데 석탄은 전 세계에 고루 퍼져 있어.

하지만 지금처럼 쓰다간 200년쯤 지나면 바닥이 나고 말아."

"200년이면 아직 많이 남았잖아요."

나래는 시큰둥하게 대꾸했다.

"지금 세대만 생각한다면 한참 뒤의 일 같지? 그렇지만 200년 뒤에 나래의 후손은 어떻게 살아야 할까?"

불 아저씨의 말에 나래는 부끄러워 얼굴이 붉어졌다.

"지금도 그래. 옛날에는 얕은 지하에서 석탄을 캘 수 있었지만, 이제는 점점 더 깊은 땅속으로 들어가야 하거든. 그만큼 석탄 캐는 일이 어려워진 거야."

"석유는 언제부터 쓴 거예요?"

까만 망토가 또 냉큼 끼어들었다. 하지만 나래는 이번만큼은 까만 망토가 고마웠다.

"석유는 더욱 오래전부터 써 왔지만, 지금처럼 많이 쓰게 된 것은 100년 전쯤부터야. 석유는 연료로 쓰일 뿐 아니라 플라스틱이나 비닐, 약품, 옷감 같은 물건을 만들어 내는 데도 쓰인단다. 그런데 전 세계에서 생산되는 석유의 3분의 2가 서아시아 지역에서 나오지. 석유를 찾는 사람들은 엄청나게 많은데 생산되는 곳은 이렇게 몇 군데에 몰려 있으니, 석유 때문에 서로 다투고 전쟁까지 벌이게 되는 거야."

잠자코 불 아저씨의 설명을 듣던 나래가 물었다.

"석유는 석탄처럼 여러 곳에서 나지 않으니 더 빨리 사라지고 말겠네요?"

"그렇단다. 사람들이 지금처럼 석유를 펑펑 쓴다면 앞으로 40년밖에 쓸 수가 없다는구나. 그건 네가 50대 어른이 되었을 때에는 석유가 바닥나고 없다는 말이지."

"그럼, 천연가스는요?"

나래는 가스레인지와 보일러의 연료로 쓰는 천연가스가 생각나서 물어보았다.

"천연가스도 앞으로 60년 정도 쓸 양밖에 안 남아 있대. 수억 년 동안 땅속에서 아주 천천히 만들어진 화석 연료가, 사람들이 너무 헤프게 쓰는 바람에 아주 짧은 시간에 바닥이 날 수 있다는 거야."

나래는 마음이 뒤숭숭해졌다.

'계속 이렇게 화석 연료를 써도 되는 걸까? 우리 시대에 화석 연료가 바닥이 난다면 우리 후손들은 에너지 없는 지구에서 어떻게 살아갈까?'

사과 대신 야자를?

"그런데 애들아, 지구가 점점 더워지고 있다는 걸 아니?"

나래는 에너지 생각에 잠겨 있다가 불 아저씨의 목소리에 퍼뜩 고개를 들었다.

"지구가 더워진다고요?"

땅바닥에 앉아 있던 까만 망토가 자리에서 벌떡 일어나며 소리쳤다. 나래는 조용히 고개만 끄덕였다.

불 아저씨는 잠깐 생각에 잠겼다가 다시 입을 열었다.

"우리가 살고 있는 지구는 어떤 모양일까?"

잠자코 있던 나래는 두 손을 모아 공처럼 동그란 모양을 만들어 보였다.

"이런 모양이죠."

"그래. 그리고 이 둥근 지구의 표면에는 수많은 기체가 모여 지구를 감싸고 있지, 이렇게."

불 아저씨의 커다란 손이 나래의 두 손을 살짝 감쌌다. 나래가 움찔하자 아저씨는 멋쩍은 듯 손을 떼면서 말했다.

"허허, 미안. 내 손이 너무 뜨겁지? 이렇게 태양에서 보낸 열이 지구 표면에 닿으면 일부는 땅과 바다를 따뜻하게 데우고, 나머지는 반사되어 우주로 날아간단다. 너 온실에 가 본 적 있니?"

"네. 학교에 온실 있어요. 온실에서 고추하고 상추도 키우는걸요."

나래는 신이 나서 대답했다.

"그렇구나. 온실 안은 언제나 따뜻하지?"

"네. 그런데 왜 온실은 겨울에도 따뜻한 걸까요?"

나래가 물었다.

"바로 그 얘길 하려는 거야. 그건 온실 유리 때문인데, 온실 유리는 햇빛은 받아들이고 열은 밖으로 나가지 못하게 붙잡아 두거든. 그래서 겨울에도 따뜻한 거란다."

"아, 그렇구나!"

나래는 입을 벌린 채 고개를 끄덕였다.

"지구의 표면을 감싸고 있는 기체도 온실 유리 같은 구실을 한단다. 햇빛은 받아들이고 열은 지구 밖으로 다 날아가지 못하게 붙잡아 두지. 그래서 이런 기체를 '온실가스'라고 하는 거야. 온실가스 덕분에 태양에서 온 열이 우주로 모두 날아가지 않아 지구 온도가 평균 15도로 유지되는 거야."

"그런데 온실가스는 어떤 것을 말하나요?"

"대기 중에 있는 수증기와 이산화탄소, 메탄, 일산화탄소 같은 기체를 온실가스라고 한단다."

"온실가스가 없으면 지구는 어떻게 될까요?"

나래가 중얼거리듯 말했다.

"너무 추워서 생물체가 살기 힘들겠지."

"사람도요?"

나래의 말에 까만 망토가 어이없다는 눈빛으로 나래를 쳐다봤다. 나래는 자기가 생각해도 참 멍청한 질문이다 싶었다.

"사람도 물론!"

불 아저씨가 딱 잘라 대답했다. 나래는 머쓱해져서 얼른 말을 이었다.

"온실가스는 무척 고마운 거로군요. 온실가스가 있어서 정말 다행이에요."

"그렇지만 이것이 점점 늘어나는 게 문제지."

"고마운 온실가스인데, 많을수록 좋은 거 아닌가……."

나래는 고개를 갸우뚱하며 중얼거렸다.

"바보야, 그래서 지구가 더워지는 거잖아!"

까만 망토가 버럭 소리를 질렀다.

"온실가스가 있어서 지구가 너무 춥지 않다며!"

나래도 똑같이 큰 소리로 되받아쳤다. 까만 망토는 답답하다는 듯 손으로 제 가슴을 콩콩 쳤다.

"으이그! 너무 많으니까 탈이지! 온실가스가 많아져서 태양에서 보낸 열을 더 많이 붙잡아 두면 우주로 다시 날아가는 열이 적어질 테고, 그러면 지구의 기온이 점점 올라갈 거 아냐!"

쉬지 않고 말하는 바람에 까만 망토는 얼굴이 빨개졌다. 나래는 머쓱해져서 불 아저씨를 쳐다봤다.

"그래, 어둠의 신 말이 맞아. 지구가 그렇게 점점 더워지는 것을 '지구 온난화'라고 하지."

"그것 보라고! 너 되게 똑똑한 줄 알았더니 그렇지도 않구나."

까만 망토는 콧구멍을 벌름거리며 말했다. 여태껏 나래한테 핀잔만 듣다가 처지가 바뀌니 기분이 무척 좋아졌나 보다. 나래는 약이 올랐지만 짐짓 아무렇지 않은 척 불 아저씨에게 물었다.

"온실가스는 왜 자꾸 늘어나는 건데요?"

"사람들이 에너지를 너무 많이 쓰기 때문이지."

'엥? 또 우리 때문이란 말이야?'

나래는 뜨끔했다.

"그럼, 그렇지. 도대체 너희 인간들이 해를 입히지 않는 곳이 어디야? 그러니 우리가 얼마나 힘들겠냐고!"

까만 망토는 빈정거리며 목소리를 높였다. 나래는 기세등등한 까만 망토가 얄미웠지만 어쩔 수가 없어 속으로만 다짐했다.

'두고 봐, 그 벌렁대는 코를 납작하게 해 주고 말 테니.'

불 아저씨가 다시 말을 이었다.

"그런데 온실가스의 대부분을 차지하는 이산화탄소가 어디에서 나오는 줄 아니?"

"아, 알것 같아요. 자동차에서 많이 나오지요."

나래가 얼른 대답했다.

"알긴 아네. 사람들은 낮이나 밤이나 어디든 차를 몰고 다니지. 걸어가도 될 곳도 말이야."

까만 망토가 또다시 빈정거렸다. 그동안 쌓아 둔 말을 몽땅 꺼내 놓으려는 듯했다.

"이렇게 서로 잘잘못을 따진다고 문제가 해결되는 건 아니야. 함께 원인을 생각해 보는 게 중요하지."

"네, 알겠어요."

불 아저씨의 말에 까만 망토는 금세 다소곳해졌다. 나래는 '픽' 하고 웃을 뻔했다.

'역시 쟤는 참 단순해.'

"물론 자동차와 비행기가 움직일 때에 이산화탄소가 뿜어 나오지. 또, 집이나 회사에서 보일러를 돌릴 때에도 이산화탄소가 나오고. 그뿐만이 아니란다. 물건을 만드는 공장과 이곳 화력 발전소에서도 석유, 석탄, 천연가스 같은 화석 연료를 태울 때 이산화탄소가 엄청나게 많이 나오지."

'그렇게나 많이……. 까만 망토의 말처럼 진짜 인간은 지구에 해만 입히고 있는 걸까?'

나래는 나지막히 한숨을 쉬었다. 불 아저씨가 계속해서 말했다.

"이런 이산화탄소가 하늘로 올라가니까 온실가스가 늘어나는 거야. 아, 또 있다. 건물을 짓고 도로를 닦으려고 나무를 베어 내고 숲을 없애는데, 이것도 온실가스가 늘어나는 원인이 돼."

"그건 왜요?"

"숲은 공기 중에 있는 이산화탄소를 흡수하고 산소를 내뿜는 일을 해. 그래서 열대 우림을 '지구의 허파'라고 하는 거야. 그런데 그 숲이 사라지면 어떻게 되겠니? 이산화탄소가 산소로 바뀌지 못하고 쌓이고 말겠지."

나래는 고개를 끄덕였다.

"그럼 지구는 지금 얼마나 더워졌나요?"

"사람들은 100년 전부터 지구의 기온을 쟀는데, 지난 100년 동안 지구의 기온은 평균 0.6도 높아졌단다."

"애걔, 겨우 그 정도?"

까만 망토는 입술을 오므리며 아저씨를 바라보았다.

"우리나라는 여름에 영상 30도를 오르내리고, 겨울에는 영하 20도까지 내려가기도 해요."

나래도 고개를 갸웃거리며 말했다.

"별거 아닌 것 같지? 하루에도 몇 도씩 온도가 오르내리니까 말이야. 하지만 여러 해에 걸쳐 평균 기온이 0.6도 올랐다는 것은 아주 큰 변화란다. 지구의 평균 기온이 1도만 올라도 전 세계 인구의 4분의 1이 마실 물을 얻지 못하고, 전염병도 크게 늘어나거든. 더욱이 유럽은 평균 기온이 1도 높아졌고, 네가 살고 있는 한국은 1.5도나 높아졌단다."

"에, 우리나라가 그렇게 기온이 높아졌어요?"

나래는 그렇게 말하면서도 잘 알 수가 없었다.

'지구가 더워졌고 우리나라는 더 더워졌다지만, 크게 달라진 것도, 힘든 것도 못 느끼겠는데……'

나래는 책에서 읽은 것이 퍼뜩 떠올라 물어보았다.

"날씨가 더우면 우리나라도 베트남처럼 쌀농사를 여러 번 지을 수 있겠네요?"

"쌀농사도 여러 번 짓고 제주도에서만 나던 귤과 바나나도 한반도 어디에서나 재배할 수 있겠지. 그리고 서울에는 야자나무 가로수 길이 생길 수도 있어. 그런데 그게 좋은 것만은 아니야. 서늘한 기후에서 자라는 사과는 어쩌지? 사과 과수원이 점점 북쪽으로 올라갈 테니, 앞으로 사과를 맘 놓고 먹으려면 통일이 되기를 기다려야 할지도 몰라."

"후유."

나래는 길게 한숨을 내쉬었다. 불 아저씨는 나래를 힐끗 보고 나서 다시 말했다.

"이대로 가면 땅마저 바다 속으로 가라앉을 텐데……."

"네에? 땅이 가라앉아요?"

까만 망토가 소리쳤다. 나래는 아무 말도 못 하고 불 아저씨의 입술만 바라보았다.

"지구의 기온이 올라가면 극지방의 빙하와 빙산도 점점 녹게 된단다."

"그러면요?"

"얼음 녹은 물이 바다로 흘러들지. 그럼 당연히 바닷물이 늘어나겠지? 그래서 태평양 한가운데 있는 섬나라 사람들은 땅이 물속에 잠길까 불안해하고 있단다. 또, 기후가 바뀌면서 어떤 나라에서는 오랫동안 비가 오지 않는 바람에 땅이 바싹 말라 모래사막으로 변하는 곳도 있어."

나래는 어깨를 축 늘어뜨렸다. 그러고는 텔레비전에서 보았던 장면들이 떠올라 힘 빠진 목소리로 중얼거렸다.

"그래서 마실 물이 모자라는군요. 농사도 못 짓게 되니까 사람들은 굶주리고……."

"어떻게 하면 더위 먹은 지구를 식힐 수 있나요?"

맥없이 앉아 있는 나래를 대신해서 까만 망토가 불 아저씨에게 물었다.

"무엇보다도 화석 연료를 덜 써야지. 온실가스를 뿜어내지도 않고 아무리 써도 연료가 떨어지지도 않는 에너지가 있긴 한데……."

"그게 뭐예요?"

나래가 발딱 고개를 쳐들고 소리쳤다.

"우리 어머니를 찾아가 보렴."

"아저씨의 어머니라면?"

까만 망토가 놀란 목소리로 외쳤다. 나래는 까만 망토와 불 아저씨를 번갈아 바라보았다. 그 순간 불 아저씨가 나래를 까만 망토 쪽으로 밀치더니 까만 망토의 옷자락을 잡고 세게 흔들었다.

"어어, 이러지 마세요! 으아악!"

"아악!"

까만 망토가 소리를 지르는 바람에 나래도 덩달아 소리를 질렀다. 불 아저씨가 불꽃을 튀기면서 인사했다.

"얘들아, 이제 그만 안녕!"

불 아저씨는 나래와 까만 망토의 눈앞에서 뱅글뱅글 돌면서 아득하게 멀어졌다.

태양에게 물어봐!

"어휴, 더워. 불 아저씨네도 엄청 더웠는데 여긴 더 덥네."

나래는 불 아저씨가 까만 망토의 옷자락을 펄럭이게 해 몸이 붕 떠오른 것만 기억이 났다. 눈을 떠 보니 사방이 눈부시도록 밝고, 뜨거운 찜질방에 들어온 것처럼 후끈후끈했다.

"덥기도 하지만 눈이 부셔서 견딜 수가 없어."

까만 망토가 고개를 숙인 채 투덜댔다.

"조금 있으면 괜찮아질 거야. 불 아저씨네서도 그랬잖아."

나래는 고개를 숙이고 눈까지 감고 있는 까만 망토가 조금 안쓰러워 달래 주었다. 하지만 나래도 힘든 건 마찬가지였다.

"그런데 도대체 여긴 어디지?"

"불 아저씨의 어머니가 누구겠어?"

까만 망토가 여전히 고개를 숙인 채 말했다. 나래는 갸우뚱하다가 눈을 동그랗게 떴다.

"혹시, 태양?"

나래의 말이 끝나기 무섭게 '훅' 하고 뜨거운 바람이 불어왔다. 나래와 까만 망토는 몸을 잔뜩 움츠렸다.

"하하하, 똑똑하기도 하지. 그래. 이 세상 모든 불을 낳고 온 천지에 생명을 불어넣는 나, 바로 태양이란다! 다들 나를 태양 아줌마라고 부르지."

우렁차지만 부드러운 목소리가 코앞에서 들렸다. 나래는 고개를 살짝 들었다. 그러자 오렌지 빛으로 일렁이는 옷자락이 눈에 들어왔다.

"아잇, 눈부셔!"

나래는 눈을 찌를 듯한 빛과 열기에 깜짝 놀라 눈을 도로 감아 버렸다.

"아, 미안! 근데 이게 누구야? 어둠의 신 아니니? 내가 일을 마칠 무렵에야 너를 잠깐 만나곤 했는데, 여기서 이렇게 만나다니 믿을 수 없는걸. 아무튼 반가워."

나래와 까만 망토는 실눈을 떴다. 눈앞에 붉은빛이 감도는 커다란 손이 보였다.

"태양 아줌마를 만나서 저도 반가워요. 하지만 눈을 제대로 뜰 수가 없네요."

까만 망토는 눈을 잔뜩 찡그렸다.

"곧 괜찮아질 거야. 자, 내 손을 잡아 보렴."

태양 아줌마가 두 손을 더 가까이 들이밀자 까만 망토와 나래는 엉겁결에 한 손씩 잡고 말았다. 그 순간 두 눈이 시원해지면서 눈부심이 사라졌다. 더워서 축 늘어지던 몸도 가뿐해졌다. 그제야 나래와 까만 망토는 고개를 들고 태양 아줌마를 똑바로 바라보았다.

태양 아줌마는 발그레한 얼굴에 웃음을 담뿍 머금고 있었다. 나래는 불 아저씨의 어머니라고 해서 할머니를 상상했는데, 오히려 엄마 같아 보였다.

"이제 괜찮지?"

태양 아줌마가 물었다.

"네!"

까만 망토와 나래는 함께 목소리를 높여 대답했다. 나래는 태양 아줌마와 눈이 마주치자마자 기다렸다는 듯이 대뜸 물었다.

"온실가스를 뿜어내지 않고 아무리 써도 연료가 떨어지지 않는 에너지가 도대체 뭐예요? 태양 아줌마는 알고 있죠?"

"이제야 사람들이 나를 알아보는 모양이로구나. 그토록 오랫동안 에너지를 보내 주었건만……."

태양 아줌마는 눈을 내리깔았다.

'우리가 태양 아줌마를 모르다니요?'

나래는 이렇게 말하려다 말고 잠자코 입을 다물었다.

"사람뿐 아니라 지구에 있는 수많은 생물이 죽지 않고 사는 건 나의 열과 빛 때문이지. 식물은 내가 보낸 빛으로 영양분을 만들고, 사람과 동물은 그 영양분을 먹고 에너지를 얻는 거야. 그런데도 사람들은 그걸 당연하게 여겨. 하지만 내가 없으면 어떻게 되겠니? 한 번이라도 생각해 본 적 있니?"

나래는 뜨끔했다. 그러고 보니 하늘에 떠 있는 태양이 고맙다는 생각을 해 본 적이 없었다. 비가 며칠 연거푸 내려서 어딜 가나 축축하다가 하늘이 맑게 개고 햇빛이 비치면 반가운 정도였다.

"여름에 뙤약볕을 쬐고 있으면 어떠니?"

나래가 대답을 못하고 머뭇거리자 태양 아줌마가 다시 물었다.

"음……. 눈이 부시고 몸이 후끈후끈 더워지면서 얼굴이 빨개지고 땀도 나요."

"그렇지? 그건 내가 밝은 빛과 따뜻한 열을 보내기 때문이란다. 사람들은 이 빛과 열을 모아 전기를 만들기도 하지."

"태양으로도 전기를 만들어 낸다고요?"

까만 망토는 고개를 갸우뚱거렸다.

"그렇단다. 나는 늘 지구에 빛과 열을 보내니 떨어질 걱정을 할 필요가 없는 자원이지."

"그럼, 태양 아줌마가 바로 그 에너지……."

나래는 입을 벌린 채 말을 잇지 못했다. 태양 아줌마가 대답 대신 두 팔을 벌리자 오렌지 빛 옷자락이 하늘거리며 더욱 아름다운 빛을 냈다.

"그런데 태양으로 어떻게 전기를 만들죠?"

나래가 눈을 반짝이며 물었다.

"자, 들어 봐. 나는 빛과 열, 이 두 가지를 지구로 보낸단다. 먼저 빛, 그러니까 태양광에 대해 설명해 줄게. 태양으로 전기를 만들려면 먼저 빛을 모아야 해. 그래서 태양광 전지가 필요하지. 태양광 전지에는 규소라는 물질이 들어간단다. 규소는 빛을 받으면 전기를 일으키는 성질을 가지고 있어. 그래서 태양광 전지에 빛이 비치면 전류가 흐르면서 전기가 만들어지는 거야."

"그럼, 좀 더 많은 전기를 얻으려면 태양광 전지를 여러 개

쓰면 되겠네요?"

까만 망토가 말했다.

"그렇지. 건물 지붕에 설치해 놓은 네모나고 평평한 태양광 전지판을 본 적이 있니? 그게 바로 태양광 전지를 여러 개 연결한 장치야. 기와 모양으로 된 태양광 전지도 있고, 창문에 유리 대신 끼우는 것도 있어."

나래도 지붕이나 건물 옥상에 세워 놓은 까만 판을 본 적이 있었다.

'뭔가 했더니 그게 태양 에너지를 모으는 태양광 전지판이었구나!'

"태양으로 전기를 만드는 기술은 처음에는 인공위성에 쓰려고 개발했어. 지금은 시계, 라디오, 계산기, 핸드폰에까지 두루 쓰이고 있지."

나래는 고개를 끄덕이며 귀담아 들었다.

"다음으로, 태양열은 전기를 만들기보다는 물을 따뜻하게 데우는 데 쓰인단다. 젖은 빨래를 햇볕이 잘 드는 옥상에 널어 놓으면 바싹 마르고, 더운 여름날 찬물을 볕에 내놓으면 미지근해지잖니? 그것은 내가 보낸 열 때문이야. 이렇게 뜨거운 볕에 데운 물은 세수나 목욕할 때 쓰기도 하고, 방을 따뜻하게 덥히는 데 쓸 수도 있어."

"어떻게요?"

"집열판에서 태양열을 모으는 거지. 집열판은 투명한 유리로 덮여 있는데, 그 밑에는 물이 흐르는 관이 있어. 집열판이 열을 받아 온도가 올라가면 관 속의 물은 어떻게 될까?"

"뜨거워져요!"

나래는 큰 소리로 대답했다.

"그래, 관 속의 물은 뜨거워진단다. 그렇게 데워진 물을 물탱크에 보관했다가 필요할 때 쓰는 거야."

"그럼 겨울에도 따뜻한 물을 펑펑 쓸 수 있겠네요?"

나래는 물을 늘 아껴 쓰라는 엄마의 잔소리가 귀에 쟁쟁했지만 신이 나서 떠들었다.

"그렇지만 밤이 되면 어떻게 해요? 구름 낀 날이나 장마철에는요? 그럴 때 꼭 필요할 텐데……."

갑자기 까만 망토가 끼어들었다.

"그러네. 봄부터 가을까지는 태양 아줌마가 떠 있는 시간이 길지만 따뜻한 물과 난방이 더 필요한 겨울에는 볕이 적게 드니까 말이야."

나래는 이내 시무룩해져서 태양 아줌마를 쳐다봤다. 태양 아줌마가 먼 하늘을 바라보면서 대답했다.

"그때는 바람 왕자에게 도움을 받아야지."

"바람 왕자요?"

"그렇단다. 바람 왕자, 어서 와서 애들을 데려가세요!"

태양 아줌마가 이렇게 외치자마자 시원한 공기가 나래와 까만 망토를 휘감았다.

"아, 시원해!"

"나는 졸리는걸!"

까만 망토는 입을 쩍 벌리면서 하품을 했다. 그 모습을 보자 나래도 왠지 눈꺼풀이 무거워지고 힘이 빠졌다.

"나도……."

나래는 어느새 눈을 감고 까만 망토의 어깨에 기대었다.

"잘 가거라! 귀여운 것들……."

태양 아줌마의 목소리가 가물가물하게 들렸다.

산 위에서 부는 바람 시원한 바람

'무슨 향기일까?'

나래는 코끝이 싸해지면서 시원한 느낌이 들었다.

'꽃향긴가? 풀향긴가? 아니, 꿈속인가……. 아무튼 기분좋다! 눈 뜨고 싶지 않아.'

나래는 그 기분을 오랫동안 즐기고 싶었지만 그럴 수가 없었다. 까만 망토가 고함을 질렀기 때문이다.

"으악!"

나래는 두 눈을 번쩍 떴다. 눈앞에 누워 있는 풀잎이 보였다.

'풀잎이 왜 누워 있을까? 그나저나 여긴 또 어디지?'

나래는 눈이 다시 스르르 감기는 걸 어쩔 수가 없었다.

"뭐야, 개미잖아."

까만 망토는 일어나 앉아 뺨을 문질렀다. 그리고 힘껏 기지개를 켰다.

"아함! 우리가 밖에서 자고 있었나 봐."

나래는 잠이 깼지만 그대로 누운 채 까만 망토의 말에 대꾸도 없이 눈만 끔벅거렸다. 그러고는 고개를 살며시 돌려 보았다. 세상이 비스듬해 보였다. 눈앞에 드넓은 풀밭이 펼쳐져 있었다.

'아, 이 냄새였구나.'

나래가 눈을 감으며 숨을 크게 들이마시려는데 어디선가 노랫소리가 들려왔다.

"산 위에서 부는 바람 시원한 바람, 그 바람은 좋은 바람 고운 바람……."

나래가 까만 망토를 쳐다보았다.

"노랫소리 들려?"

"누, 누구지?"

그때 갑자기 세찬 바람이 '휘잉' 하고 불어왔다. 까만 망토의 옷자락이 펄럭거렸다. 나래는 벌떡 일어나 앉았다. 하지만

눈을 뜰 수가 없어 고개를 돌렸다.

"애들아, 안녕?"

맑은 목소리와 함께 독수리보다 훨씬 커 보이는 새가 반짝이는 날개를 접으며 나래와 까만 망토 앞에 내려앉았다. 그런데 이상했다. 날개로 봐서는 새가 틀림없는데 몸통은 사람의 모습이었다.

"아하, 당신은 바람 왕자님이군요?"

"그래. 내가 바람 왕자야. 태양 아줌마한테서 너희들 얘기는 들었어."

까만 망토의 말에 바람 왕자가 맑은 목소리로 대답했다. 나래는 여러 빛깔로 반짝이는 날개에서 눈을 떼지 못한 채 말했다.

"우와, 날개가 정말 멋져요!"

"하하, 고마워."

이제 세찬 바람은 잦아들고 살랑이는 바람이 불었다.

"그런데 바람 왕자님은 어떻게 바람을 일으켜요?"

까만 망토가 부러운 눈빛으로 물었다. 바람 왕자는 크게 웃었다.

"하하하! 그게 궁금한 거구나. 우리 바람은 태양 아줌마한테서 비롯되지."

"네? 태양 아줌마한테서요?"

까만 망토는 무슨 소린지 모르겠다는 듯 어깨를 들썩해 보였다.

"태양과 바람이 무슨 상관이에요?"

나래가 물었다.

"태양은 지구의 공기를 따뜻하게 만들지. 그런데 지구의 공기는 지역에 따라 따뜻해지는 정도가 다르거든. 이를테면 북극과 남극보다는 사막의 공기가 빨리 뜨거워지지. 또, 바다 위는 땅보다 공기가 더 차고. 그런데 공기는 평형을 이루려고 움직여 다닌단 말이야. 공기가 많이 모여 있는 곳에서 적게 있는 곳으로 옮겨 가는 거지. 다시 말해 따뜻한 쪽의 공기가 차가운 쪽으로 움직이는 거야."

"그래서요?"

까만 망토가 기다리지 못하고 재촉했다.

"그 움직임이 바로 바람이야."

바람 왕자가 말을 이었다.

"공기의 움직임이 작으면 이렇게 부드러운 바람이 불어."

바람 왕자가 말을 하면서 날개를 가볍게 흔들자 부드러운 바람이 나래와 까만 망토를 감쌌다.

"그리고……."

이번에는 바람 왕자가 날개를 활짝 펼쳐 세차게 흔들었다. 그러자 '휘잉' 하며 아까 같은 세찬 바람이 일었다. 나래와 까만 망토는 쓰러지지 않으려고 서로 꽉 붙잡았다.

"그만 멈춰 주세요!"

나래가 소리를 지르자, 바람 왕자가 펼쳤던 날개를 도로 접었다.

"아, 미안!"

바람 왕자는 이야기를 계속했다.

"좀전처럼 공기의 움직임이 크면 바람도 세져."

나래가 눈을 반짝이며 물었다.

"그럼, 바람 왕자님도 에너지를 만들 수 있나요?"

"물론이지. 아주 옛날부터 사람들은 바람의 방향을 이용해서 강과 바다에 배를 띄웠어. 또, 바람의 힘으로 풍차를 돌려서 곡식을 빻거나 물을 퍼 올리기도 했고."

"아, 풍차……."

나래는 만화영화 〈플란더스의 개〉에 나온 풍차를 떠올리며 중얼거렸다. 바람 왕자가 해맑게 웃으며 나래를 똑바로 쳐다보자, 나래는 가슴이 두근두근했다.

"그뿐인 줄 아니? 바람을 이용해서 전기도 만들어. 혹시 엄청나게 큰 바람개비 본 적 있니?"

"예! 지난여름 제주도 바닷가에서 봤어요."

나래는 들뜬 목소리로 대답했다.

"그게 바로 바람의 힘을 이용해서 에너지를 만드는 풍력 발전기라는 거야. 커다란 바람개비가 바람을 받으면 힘차게 돌아가는데, 그 힘으로 발전기를 돌려서 전기를 일으키는 거지. 바람이 세게 불면 불수록 바람개비가 빨리 돌면서 에너지를 많이 만들어 낸단다."

"그럼, 풍력 발전기는 바람이 아주 세게 부는 곳에 세우면 좋겠네요?"

나래가 말했다.

"맞아. 그래서 풍력 발전기는 흔히 높은 산이나 바닷가처럼 센 바람이 부는 곳에 세우지."

"풍력 발전기를 더욱 많이 세우면 좋겠어요. 그럼, 연료가 떨어질까 봐 걱정하지 않아도 되고, 또 깨끗하고……. 바람은 언제까지나 쓸 수 있는 에너지이니까요."

나래는 신나서 떠들다가 왠지 쑥스러워 목소리를 낮추었다. 그러자 까만 망토도 맞장구를 쳤다.

"맞아! 태양 아줌마와 바람 왕자님만 있으면 에너지 걱정은 안 해도 되겠네."

바람 왕자는 나래와 까만 망토를 번갈아 쳐다보며 쭈뼛쭈

뻣하다가 입을 열었다.

"그렇지만 바람이 변덕쟁이라는 걸 알고 있니? 높은 산이나 바닷가라 해도 바람이 늘 한결같지는 않아. 바람이 불 때에만 에너지를 만들고, 바람이 멎으면 에너지를 만들 수 없지. 게다가 한꺼번에 많은 에너지를 얻기도 어려워. 그래서 사람들은 바람의 힘을 더 잘 이용하는 방법을 연구하고 있어."

까만 망토는 얼굴을 일그러뜨렸다. 나래도 힘이 쭉 빠지는 것 같았다.

'그럼, 완벽한 에너지는 어디에 있는 거야?'

"너무 실망하진 마. 사람들이 더욱 슬기로운 방법을 찾고 있으니까."

바람 왕자는 나래가 안쓰러워 보였는지 다시 맑은 목소리로 덧붙였다.

"식물로 차를 움직일 수 있다는 걸 아니?"

"네? 식물로요?"

나래는 하마터면 콧방귀를 뀔 뻔했다.

"그렇단다. 내가 그곳으로 데려다 줄게. 어서 내 허리를 잡아!"

바람 왕자는 두 날개를 활짝 펴 보였다.

나래와 까만 망토가 바람 왕자의 허리를 잡자마자 바람 왕자는 공중으로 붕 떠올랐다. 나래는 처음에는 무서워 두 눈을 꼭 감았지만, 곧 바람을 가르는 느낌에 가슴이 시원해졌다. 놀이 기구를 타는 것보다 더 짜릿한 느낌이었다.

'아, 이대로 날아서 멀리 갔으면 좋겠다. 북극까지. 아니면 남극까지.'

식물로 달리는 자동차

"우와, 예쁘다!"

나래와 까만 망토는 아래를 내려다보며 합창하듯 외쳤다. 야트막한 언덕을 지나자 눈앞에 온통 노란빛이 펼쳐졌다. 가까이 다가가 보니 노란빛은 바로 노란 꽃이었다. 바람 왕자가 그 위를 빙글빙글 돌자 들판 가득 피어 있는 꽃들이 물결 일렁이듯 춤을 췄다.

"유채 꽃이란다."

"눈이 부실 정도로 아름답다, 그치?"

나래의 말에 까만 망토가 대꾸했다.

"나는 저 위에 포근히 눕고 싶어!"

넋을 잃은 까만 망토의 얼굴을 보고 나래는 큭큭 웃음이 나왔다.

"내려가 볼까?"

바람 왕자는 나래와 까만 망토를 두 날개로 살포시 감싸안고 들판으로 천천히 내려갔다.

"유채는 꽃도 예쁘지만 쓰임새가 아주 많은 식물이야. 봄에는 파릇파릇 돋아난 어린 순을 뜯어서 나물로 먹고, 꽃이 활짝 필 때면 꿀을 얻지. 유채 씨앗으로는 기름을 짜서 요리할 때 쓰기도 해. 또, 기름을 짜고 난 찌꺼기는 동물의 사료나 퇴비로 쓰지. 그리고……."

바람 왕자는 잠시 뜸을 들였다.

"놀라지 마. 유채로 자동차를 움직이게 할 수도 있어."

"에이, 설마……."

까만 망토가 입술을 비죽였다. 바람 왕자는 아랑곳하지 않고 말을 이었다.

"유채 씨를 짜면 기름이 나온다고 했잖아. 이 기름을 석유와 섞어서 자동차 연료로 쓰는 거야. 게다가 유채 기름은 공기를 더럽히지도 않고 온실가스를 내뿜지도 않으니 얼마나 좋아?"

"그럼, 세상에 있는 식물을 다 자동차 연료로 쓸 수 있어요?"

까만 망토는 여전히 못 미덥다는 듯이 말했다.

"물론 아니지. 하지만 찾아보면 유채 씨 말고도 연료로 쓸 수 있는 게 많단다. 해바라기 씨와 땅콩 같은 식물의 씨앗이나 곡식의 낟알, 나무와 풀, 해초, 바다 속 플랑크톤에서도 연료를 얻을 수 있어."

'그렇게 많은 식물에서 연료를 얻을 수 있다니!'

나래는 눈이 동그래졌다. 바람 왕자가 계속해서 말했다.

"유채와 콩에서는 바이오 디젤이라는 연료를 얻을 수 있어. 밀, 보리, 옥수수, 사탕수수 같은 식물에서는 바이오 에탄올을 얻고. 사람들은 이것을 가지고 자동차 연료로 쓴단다."

"우와!"

나래는 벌어진 입을 다물지 못했다.

"그런가 하면 쓰고 난 식용유에서 찌꺼기를 걸러 낸 뒤 이것을 자동차 연료로 쓰기도 해. 이런 연료를 넣은 차 뒤에 서 있으면 고소한 감자튀김 냄새가 나겠지?"

나래는 고개를 끄떡끄떡했다.

'이런 차들이 거리를 달리면 눈이나 목이 따갑지 않고 자동차가 내뿜는 고약한 냄새도 사라질 거야. 사람들은 코를

쿵쿵거리며 행복한 표정을 지을 테지. 그런데 배가 고플 땐 냄새 때문에 힘들겠다.'

 나래는 자기도 모르게 입맛을 쩝쩝 다셨다. 그러자 까만 망토가 나래를 팔꿈치로 살짝 건드렸다. 나래는 멋쩍어서 배시시 웃었다.

 "이렇게 식물이나 미생물 같은 생물체에서 얻은 연료를 통틀어 바이오매스라고 하지. 가축의 똥오줌이나 음식물 쓰레기 같은 것에서도 바이오매스를 얻을 수 있어."

 "바이오매스가 무슨 뜻이에요?"

 나래가 물었다.

 "바이오는 생물을 뜻하고 매스는 덩어리를 나타내. 에너지

로 이용할 수 있는 식물이나 생물을 말하지. 사실 사람들은 오래전부터 이것을 에너지로 이용했단다."

"정말요?"

나래가 고개를 갸웃거리자 바람 왕자가 대답했다.

"그럼. 나무를 태워 땔감으로 쓰고 쇠똥을 연료로 쓰는 것도 다 바이오매스를 이용해서 에너지를 얻는 거야."

"아……."

나래는 그제야 고개를 끄덕였다.

"바이오매스를 잘 이용하면 에너지가 바닥날 걱정이 없어. 더울 때 연료를 저장해 두었다가 추울 때 사용할 수 있으니까. 또, 석유와 섞어 쓸 수 있어서 석유의 소비도 줄이고 공기도 덜 오염시키지."

바람 왕자가 말을 마치자, 그때까지 가만히 듣고만 있던 까만 망토가 눈을 반짝이며 말했다.

"그러면 바이오매스로 쓰이는 식물이 자라면서 이산화탄소를 흡수하니까 지구가 더워지는 것도 막을 수 있겠네요."

"그렇지. 바이오매스를 쓴다고 해서 이산화탄소가 전혀 안 나오는 건 아니야. 하지만 연료가 되는 식물이 자라면서 이산화탄소를 흡수하니까 지구 온난화를 그만큼 막을 수 있단다. 또, 동물의 똥오줌이나 음식물 쓰레기를 처리해서 환경도 보호하고 연료도 얻을 수 있으니 일석이조지."

"혹시 자동차에서 쓰레기와 방귀 냄새가 나는 건 아닐까요? 에이, 구려."

까만 망토가 갑자기 코를 싸쥐는 시늉을 했다.

"하하, 걱정 마! 똥오줌이나 음식물 쓰레기에서 뽑아낸 가스는 아무 색깔도 없고 냄새도 나지 않아."

바람 왕자는 고개를 뒤로 젖히며 큰 소리로 웃었다. 나래도 따라 웃으며 말했다.

"무슨 걱정이야. 바람 왕자님이 바람을 일으켜 냄새를 날려 버리면 문제없다고!"

까만 망토가 입술을 비죽 내밀었다.

"이제 식물이 쑥쑥 자랄 테니까 에너지 걱정은 더 이상 안 해도 되겠죠?"

나래는 바람 왕자를 똑바로 쳐다보며 물었다.

"글쎄……."

바람 왕자가 쭈뼛거리며 말했다.

"이 세상에 달리고 있는 수많은 자동차의 연료를 얻으려면 엄청나게 많은 식물이 필요해. 그것은 식물을 심을 드넓은 땅이 있어야 한다는 말이거든. 그래서 사람들은 숲의 나무를 베어 내고 연료로 쓸 식물을 심기도 하지. 열대 우림이 망가지든 말든 상관도 않고 말이야. 게다가 식물을 빨리 잘 자라게 하려고 농약과 화학 비료를 듬뿍 뿌려서 땅과 물을 오염시키고 말이야."

'지구의 허파인 열대 우림을……'

나래는 한숨을 쉬었다. 나래의 마음을 아는지 모르는지 바람 왕자는 말을 계속했다.

"그 밖에도 문제가 많아. 콩이나 옥수수 같은 농작물을 연료로 쓰면 값이 올라서 가난한 사람들은 그런 식량을 사 먹기도 어렵게 돼. 또, 이런 연료를 얻기 위해 넓은 땅에 몽땅 같은 종류의 식물만 심는 것도 큰일이야. 벌레가 많이 생기고 어떤 미생물은 사라져 버리기도 하거든. 그러면 어떻게 될까? 생태계에 문제가 생기고 말겠지? 자연은 함께 어울려 살아야 건강한데 말이야."

나래는 시무룩한 표정으로 고개를 끄덕였다.

"그렇지만 실망하긴 일러. 사람들도 이제 그걸 알아. 그래서 끊임없이 새로운 방법을 찾으려고 노력하고 있잖아."

바람 왕자가 나래를 위로하듯 말했다. 하지만 나래는 가슴이 답답해 유채 꽃이 흐드러지게 피어 있는 들판을 바라보았다. 바람에 일렁이는 꽃물결을 보고 있으려니 가슴이 조금 뚫리는 것 같았다.

'그래, 자연에 해를 입히지 않는 에너지가 틀림없이 있고, 앞으로도 얼마든지 새로운 에너지를 찾아낼 수 있을 거야.'

바람결에 춤추는 유채 꽃들도 나래한테 힘을 북돋워 주는 듯했다. 까만 망토가 곁으로 다가왔다.

"그래도 다행이다! 바람 왕자님 말처럼 사람들이 노력하고 있다니까."

까만 망토가 유채 꽃 들판을 바라보며 혼잣말로 중얼거렸다. 나래는 까만 망토가 고마웠다. 나래는 까만 망토에게 싱긋 웃어 보였다.

땅속에도 바다 속에도 에너지가 숨어 있지

꽃향기에 취한 걸까? 아니면 흔들거리는 노란 꽃 때문에 멀미라도 난 걸까? 나래는 눈앞이 아른거리고 머리가 어질어질했다. 그때 까만 망토가 대뜸 소리쳤다.

"바람 왕자님! 질문 있습니다."

"아이고, 깜짝이야."

까만 망토의 목소리가 어찌나 쩌렁쩌렁한지 나래는 정신이 번쩍 들었다.

"그래, 무엇이든 물어봐."

바람 왕자가 부드럽게 웃으며 말했다.

"아무리 써도 없어지지 않는 에너지가 또 있나요?"

"물론 있지. 나래네는 김장을 하면 어디에 보관하니?"

"김치냉장고에요."

"아, 그렇구나. 하지만 김치냉장고가 없던 예전에는 땅을 파서 김칫독을 묻고 거기에 넣어 두었어."

"아, 맞아요. 시골에 있는 우리 할머니 댁에서는 아직도 김치를 그렇게 넣어 두어요."

나래는 지난번 겨울 방학 때 할머니네서 먹은 새콤하고도 매콤한 김치를 떠올리자 입에 침이 고였다.

"이상하다, 왜 먹는 음식을 땅속에 넣어 두지?"

까만 망토가 중얼거렸다. 바람 왕자가 대답했다.

"왜냐하면 아무리 추워도 땅속은 온도가 일정하니까. 그래서 김치가 지나치게 시어지지도 않고 얼지도 않아 오래 두고 먹을 수 있거든."

"땅속이 차갑기만 한 건 아닌가 봐요."

까만 망토는 마뜩잖은 듯이 말했다.

"그럼! 땅은 아래로 파 내려갈수록 오히려 따뜻해. 땅속에도 열이 있는데, 깊이 내려갈수록 점점 뜨거워지지."

"얼마나 뜨거운데요?"

까만 망토가 여전히 심드렁하게 말했다.

"땅속으로 100미터 내려가면 3~4도 정도 높아져. 40킬로미터까지 아주 깊숙이 내려가면 자그마치 1000도나 되지."

"엣, 1000도나요?"

그제야 까만 망토는 눈을 동그랗게 뜨고 바람 왕자를 쳐다봤다.

'물이 100도에서 끓는데 1000도라면……'

나래도 그게 어느 정도일지 헤아려지지 않았다.

"이것을 지열이라고 하지. '땅속의 열'이라는 뜻이야. 화산은 다 알지?"

"아, 화산!"

나래는 자기도 모르게 손바닥을 마주쳤다.

"그래. 화산 활동이 일어나는 곳에서는 지열을 에너지로 쓴단다."

까만 망토가 고개를 갸우뚱했다. 나래는 과학 시간에 배운 것을 떠올리며 말했다.

"땅속 깊은 곳에 있던 뜨거운 마그마나 물, 증기가 땅속의 압력이 커지면서 밖으로 뿜어져 나오는 게 화산이야."

"와, 대단한데! 너, 머리 나쁜 애는 아니구나!"

까만 망토가 생글생글 웃으면서 나래를 빤히 쳐다보았다. 나래는 까만 망토가 자기를 칭찬하는 건지 놀리는 건지 알 수가 없었다.

"흥, 놀리지 마!"

나래는 까만 망토에게 눈을 흘겼다.

"나래가 잘 설명했어. 그래서 화산 지대에서 나오는 물은 아주 뜨거워. 이 물에서 나오는 수증기로 발전소의 터빈을 돌려 전기를 얻는단다. 온도가 조금 낮은 물은 집과 사무실을 덥히는 데 쓰거나 목욕물로 쓰지."

"아, 온천도 있지!"

바람 왕자의 칭찬에 나래는 우쭐해서 목소리가 저절로 높아졌다.

"맞아. 온천이 바로 지열을 이용한 곳이란다. 지열도 자연 속에 있는 깨끗한 에너지야. 하지만 사람들이 땅속에 큰 구멍을 뚫고 지하수를 마구 퍼 올리는 바람에 문제점도 생겨났어. 큰 구멍을 타고 오염 물질이 들어가서 지하수를 오염시키기도 하지."

'본래는 깨끗한 에너지더라도 우리가 잘못 쓰면 결국 자연에 해를 입히게 되는구나.'

나래는 다시 가슴이 답답해졌다.

"그럼, 이번엔 바다에서 에너지를 찾아볼까?"

바람 왕자가 목소리를 가다듬고 말했다. 나래는 눈을 크게

떴다.

"너, 바다에 가 본 적 있다고 했지?"

"네!"

나래가 큰 소리로 대답했다.

"바다에 가면 밀물 때와 썰물 때를 볼 수 있잖아?"

나래는 몇 해 전 서해 바다에서 겪은 일이 생각났다. 갯벌에서 조개 캐는 데만 정신이 팔려 바닷물이 들어오는 것도 모르고 있다가 하마터면 바다에 빠질 뻔한 일이었다. 나래는 설레설레 고개를 저으며 되물었다.

"그런데 밀물과 썰물은 왜 생기는 거예요?"

"태양과 달은 서로 끌어당기는 힘이 있는데, 이 힘은 지구에 영향을 미치지. 달과 태양이 지구와 어떤 위치에 놓이느냐에 따라 바닷물을 끌어당기는 게 달라져. 달과 태양이 끌어당기는 이런 힘의 차이로 하루에 두 번 밀물과 썰물이 생기는 거란다."

'지구에서 일어나는 밀물과 썰물이 태양과 달의 힘 때문이라니. 역시 지구는 저 혼자 힘으로 있는 게 아니구나.'

나래는 고개를 끄떡끄떡했다.

"이렇게 바닷물이 드나들면서 생기는 물 높이 차이를 이용해 전기를 만드는데, 이것을 '조력 발전'이라고 해. 그러니까 밀물과 썰물의 차이가 많이 나는 곳일수록 좋겠지?"

"그런데 어떻게 썰물과 밀물로 전기를 만든다는 거예요?"

까만 망토가 재촉했다. 바람 왕자는 한 번 싱긋 웃고는 이야기를 계속했다.

"강이 바다와 만나는 곳을 하구라고 하고, 바다가 육지 쪽으로 쏙 들어와 있는 곳을 만이라고 해. 이 하구와 만을 가로질러서 둑으로 막고 발전소를 세운단다. 그리고 밀물 때 밀려온 물을 가두어 바닷물의 높이를 가장 높게 만들지. 그런 다음에 수문을 활짝 열면 한꺼번에 물이 쏟아져 나오는데, 이때 물이 쏟아지는 힘으로 터빈을 돌려 전기를 만드는 거야. 썰물 때는 터빈이 반대 방향으로 돌면서 다시 전기를 만들고."

나래는 시원스레 쏟아지는 바닷물을 떠올리며 흐뭇한 웃음을 지었다.

"음······. 하루에 두 번씩은 꼭 밀물과 썰물이 생기고 바닷물도 엄청 많으니까, 이제 에너지 걱정은 안 해도 되겠어요. 그렇죠?"

"맞아, 맞아!"

나래의 말에 까만 망토가 맞장구를 치며 좋아했다. 그런데 바람 왕자가 또다시 말을 잊지 못하고 머뭇거렸다.

"그러니까 그게……. 조력 발전은 바닷물을 그대로 이용하기 때문에 깨끗한 에너지이고, 화석 연료처럼 바닥날 걱정도 없어. 하지만 바닷물의 높이가 일 년 내내 똑같지 않고, 조력 발전소를 세우기에 적당한 곳도 그리 많진 않아."

"히잉, 좋다 말았잖아."

까만 망토는 금세 시무룩한 표정을 지었다. 그러자 이번에는 나래가 까만 망토의 어깨를 툭 치며 말했다.

"실망하긴 일러. 자연에서 에너지를 얻는 건 화석 연료로 얻는 것보다 쉽지 않지만, 어쨌든 환경을 해치지는 않잖아? 우리가 전기를 아껴 쓰지 뭐. 차도 덜 타고."

"뭐야, 자기가 누나나 된 것처럼……."

까만 망토는 볼멘소리를 했지만, 나래가 그러는 게 싫지는 않은 것 같았다. 바람 왕자도 나래를 거들었다.

"그래. 사람들은 그동안 너무 편하게만 살려고 전자 제품과 자동차를 무턱대고 많이 만들어 냈어. 그 바람에 전기도, 화석 연료도 많이 쓰게 된 거고. 하지만 이젠 문제점을 깨달았으니 달라지겠지."

"그렇다면 다행이지만……."

까만 망토는 언제 그랬냐는 듯이 환하게 웃었다. 그때 한 줄기 향긋한 바람이 불어왔다.

"자, 이제 그만 떠날 시간이야!"

바람 왕자가 떠날 채비를 했다. 나래는 고개를 숙이며 인사를 했다.

"바람 왕자님, 정말 고마워요. 즐거운 여행이었어요."

까만 망토도 덩달아 고개를 숙였다.

"무슨 말씀! 나도 즐거웠어. 또 다른 에너지가 어디엔가 있을 거야. 꼭 찾길 바란다. 모두 안녕!"

바람 왕자는 날개를 활짝 펼치더니 위아래로 휙휙 저었다. 세찬 바람이 일기 시작했다.

"에고고고."

나래와 까만 망토는 바람에 날려 가지 않으려고 서로 꼭 껴안았다. 바람 왕자는 엄청난 바람을 일으키며 눈 깜짝할 사이에 사라져 버렸다.

누구나 에너지를 만들 수 있어

"어휴, 힘들어. 난 이제 집에 가야겠어."

나래는 땅바닥에 주저앉았다. 이곳저곳 다니느라 조금 지친 데다, 엄마가 걱정하실지도 모른다고 생각하니 조바심도 났다.

"뭐? 우린 아직 할 일이 남았잖아? 우리 누나는 어떡하라고!"

까만 망토가 펄쩍 뛰며 소리쳤다.

"이젠 너 혼자 가! 넌 어떤지 몰라도, 나는 사람이라 힘들다고!"

나래가 새침하게 쏘아붙이자, 까만 망토는 움찔해서 기어 들어가는 목소리로 말했다.

"그럼, 어떡해……. 우리 누나는……."

까만 망토는 고개를 떨군 채 울먹울먹했다.

'얘는 참, 내가 무얼 그렇게 심하게 말했다고…….'

나래는 까만 망토가 울먹이는 걸 보니까 마음이 약해졌다. 그때 후끈하는 열기와 함께 커다란 불꽃 하나가 나래와 까만 망토 앞에 뚝 떨어졌다. 떨어지면서 불꽃은 바로 오렌지 빛깔로 바뀌었다.

"태양 아줌마!"

나래와 까만 망토는 반가워서 함께 소리쳤다.

"여기 있었구나! 너희들 찾느라 애먹었지 뭐냐? 너희들에게 보여 주고 싶은 게 있어서 말이야. 어서 가자!"

태양 아줌마는 숨을 몰아쉬며 말했다.

"태양 아줌마, 그게 뭔데요? 그게 뭔지 빨리 말씀해 주세요!"

까만 망토는 태양 아줌마한테 매달리며 재촉했다. 아줌마는 주춤하며 까만 망토를 내려다봤다.

"글쎄, 그걸 뭐라고 하지……. 아, 그래. 희망!"

"희망?"

까만 망토는 떨리는 목소리로 따라 외쳤다. 그러고는 나래

누구나 에너지를 만들 수 있어

를 돌아다보며 말했다.

"우리 같이 가 보자, 응?"

나래는 잠깐 뜸을 들이다 못 이기는 척 대답했다.

"알았어……."

나래는 사실 까만 망토가 혼자서 간다고 할까 봐 마음속으로 걱정하고 있었다.

"고마워. 만세!"

까만 망토가 제자리에서 팔짝팔짝 뛰는 모습을 보며 나래는 빙긋이 웃었다.

태양 아줌마가 까만 망토와 나래에게 두 손을 내밀었다.

"어서 잡아!"

까만 망토와 나래가 태양 아줌마의 손을 잡자 오렌지 빛 옷자락에 휘감겨 붕 떠올랐다.

태양 아줌마가 멈춘 곳은 뜻밖에도 그다지 특별할 것도 없는 집 앞이었다.

'그냥 평범한 집이잖아? 우리 집하고 별로 다를 것도 없네, 뭐. 아줌마는 왜 우리를 이곳으로 데려왔을까?'

나래는 대문으로 다가갔다. 대문 옆에 문패가 달려 있었다.

"패, 시, 브, 하, 우, 스?"

나래가 소리내어 또박또박 읽었다.

"태양 아줌마, 패시브 하우스가 뭐예요?"

나래는 고개를 갸우뚱거리며 문패를 가리켰다. 까만 망토도 고개를 갸우뚱거렸다.

"패시브는 영어로 '수동적인'이라는 뜻이야."

태양 아줌마가 대답했다.

"하우스는 집이니까…… 그럼, '수동적인 집'이라는 뜻이네요?"

나래의 말에 까만 망토가 눈을 찡긋하며 말했다.

"오호, 꽤 똑똑한걸!"

"그만 좀 놀려!"

나래가 까만 망토를 살짝 흘겨보았다. 까만 망토는 머쓱해서 뒷머리를 긁적였다.

"그런데 그게 뭐예요? 수동적인 집, 그러니까 패시브 하우스 말이에요."

나래가 태양 아줌마를 보고 다시 물었다.

"쉽게 말해, 난방 연료가 거의 필요 없는 집이지. 그러니까 패시브 하우스란 집 안의 열이 밖으로 새어 나가지 않도록 꼭꼭 막아서 석유나 석탄 같은 화석 연료를 거의 쓰지 않고도 실내 온도를 따뜻하게 유지하는 집을 말한단다."

"이 집이 그렇게 지어졌다는 건가요?"

"그래. 에너지를 아주 적게 써도 되게 지은 집이야. 보통 건물에서 쓰는 에너지의 10분의 1 정도만 쓸 뿐이란다."

"네? 어떻게요?"

나래는 눈을 동그랗게 떴다. 태양 아줌마가 말했다.

"자, 집 안으로 들어가서 찬찬히 살펴볼까?"

태양 아줌마가 문을 열고 들어가자 나래와 까만 망토도 뒤따라 들어갔다. 집 안은 얼핏 보기엔 나래네 집과 그다지 다르지 않았다.

"패시브 하우스는 난방 연료가 거의 필요 없다고 아까 말했지? 이 집은 해가 비칠 때 되도록 많은 햇볕을 받아들여서 집을 따뜻하게 데워. 그리고 나서 그 열을 되도록 적게 바깥으로 나가게 하는 거야. 사람의 체온과 요리할 때 나오는 열까지, 집 안에서 나오는 열기란 열기는 죄다 붙잡아 둔단다."

"열기를 붙잡아 둔다고요? 어떻게 열을 붙잡아요?"

나래가 공중에다 손을 휘저으며 물었다. 태양 아줌마는 빙긋 웃으며 거실 창문 쪽으로 갔다.

"먼저, 집을 지을 때 해가 잘 드는 남쪽을 바라보게 지어야 해. 여기를 봐. 햇볕이 집 안으로 많이 들어올 수 있게 창문을 남쪽으로 달았잖아."

그러고 보니 창문으로 환한 빛이 쏟아져 들어와서 집 안이

무척 밝았다.

"이렇게 받아들인 태양의 열을 되도록 밖으로 내보내지 않는 게 중요해. 바닥과 지붕뿐 아니라 벽과 창틀, 유리까지 열이 달아나지 않도록 두꺼운 재료를 쓰거나 열을 잘 보존하는 재료를 쓰는 거지. 열이 빠져나가기 쉬운 유리창은 이렇게 유리가 세 겹으로 된 삼중 유리를 쓴단다."

나래는 유리창을 손가락으로 통통 튕겨 보았다. 유리창은 무척 두꺼운 것 같았다.

"어때? 이 정도면 열이 나갈 틈이 없겠지?"

태양 아줌마가 말했다.

"그렇지만 집 안에 있는 탁한 공기는요? 계속 놔두면 답답하잖아요. 산뜻한 공기를 마시고 싶을 땐 어떻게 하죠?"

나래가 날카로운 목소리로 대꾸했다.

"물론 따뜻하게 있으려고 창문도 못 열고 답답하게 살 순 없지. 열쇠는 바로 지붕에 있단다. 이 집 지붕에는 두 개의 관이 있어. 하나는 실내 공기를 바깥으로 내보내는 관이고, 다른 하나는 신선한 공기를 안으로 들어오게 하는 관이지."

"그러면 차가운 바깥 공기가 집 안에 계속 들어오게 되잖아요."

나래가 시큰둥하게 말했다. 태양 아줌마는 기특하다는 듯 나래의 콧등을 '통' 하고 한 번 가볍게 치더니 말을 이었다.

"차가운 바깥 공기는 열 교환기라는 장치를 지나면서 집 안에서 밖으로 나가는 공기의 열을 가로채 따뜻하게 된 다음에 집 안으로 들어온단다. 0도였던 공기가 이 열 교환기를 지나면서 18도로 따뜻해지지."

"와, 그렇다면 정말 멋진 집이에요!"

나래는 그제야 얼굴이 밝아졌다.

"그래, 정말 신통방통한 집이지? 이게 다 사람들의 아이디어로 만들어진 거란다."

태양 아줌마도 흐뭇한 표정을 지었다.

"게다가 이 집은 여름에도 에어컨이 필요 없어. 남향으로 지은 집은 겨울에는 햇볕이 많이 들어와 따뜻하지만 태양이 높이 떠 있는 여름에는 집 안으로 들어오는 햇볕이 적단다. 그래서 시원하지. 이것은 태양의 높낮이 차이 때문에 생기는 자연스러운 현상이야. 또, 두터운 지붕과 벽도 뜨거운 열기를 막아 주지."

나래는 패시브 하우스가 더욱 멋있어 보였다.

'패시브 하우스……. 엄마한테 꼭 말해 줘야지. 우리도 이런 집에 살자고 해야겠어.'

나래는 생각만으로도 기분이 좋아 입가에 웃음이 번졌다.

"더 놀라운 아이디어로 만들어진 집도 있어. '헬리오트로프'라는 집이야."

태양 아줌마의 말에 나래는 눈을 반짝였다.

"헬리오……?"

나래가 태양 아줌마가 한 말을 따라 하다 말고 까만 망토를 쳐다봤다. 까만 망토도 고개를 갸웃거리고 있었다.

"호호호, 헬리오트로프! 직접 가서 보는 게 가장 좋지."

태양 아줌마가 다시 두 손을 내밀었다. 나래와 까만 망토는 아줌마의 손을 한 손씩 잡았다. 이제 나래는 하늘을 나는 게 하나도 무섭지 않았다. 몸이 붕 뜨는가 했더니 이내 땅으로 내려왔다.

"여기가 어디에요?"

나래는 두리번거리며 물었다.

"독일의 프라이부르크란다."

태양 아줌마가 대답했다.

"저 건물 좀 봐! 되게 웃기게 생겼어."

까만 망토가 원통 모양으로 생긴 건물을 가리키며 말했다.

"저 건물이 바로 헬리오트로프야."

"아아."

나래와 까만 망토는 호기심에 가득 찬 눈빛으로 그 건물을 바라보았다.

"헬리오트로프는 그리스 말이야. '태양을 향한다'는 뜻이지. 이 집은 3층집인데, 나무로 지어졌어. 생긴 모양이 아주 독특하지? 이 집은 태양을 따라서 회전한단다."

"우와, 집이 막 움직인다구요?"

까만 망토가 입을 쩍 벌렸다. 나래도 너무 신기해서 믿기지 않았다.

'만화에서 본 적 있는데, 그런 집이 실제로 있었단 말이야?'

"이 집은 에너지를 만들어 내기도 해. 이런 집을 액티브 하우스라고 해. 액티브는 패시브와 달리 '능동적인'이라는 뜻이야. 능동적인 집이란 태양열 장치 같은 것을 이용해서 외부에 있는 에너지를 적극적으로 끌어들여 쓰는 집이란다."

태양 아줌마의 말에 나래도 입이 떡 벌어져서 다물어지지 않았다.

"어떻게요? 어떻게 에너지를 만들어 내는데요?"

까만 망토가 다그쳐 물었다.

"이 집은 겨울에는 삼중 유리로 만들어진 창이 태양을 따라 움직이면서 따뜻한 볕을 받아들여. 반대로 여름에는 두꺼운 벽이 태양을 가리면서 움직여 뜨거운 열을 막아 주지. 또,

옥상에 있는 태양광 전지판은 전기를 만드는데, 이 집에서 쓰는 전기의 5~6배나 되는 전기를 만들어 낸단다. 그래서 남은 전기는 에너지 회사에 팔기도 하지."

"전기를 판다고요? 정말 대단하네요!"

나래는 신이 나서 소리쳤다.

'엄마한테 패시브 하우스보다 헬리오트로프로 이사 가자고 해야겠다.'

"야호!"

까만 망토도 덩달아 환호성을 질렀다.

"그런데 우리는 지금까지 왜 이런 집을 몰랐을까요?"

나래가 태양 아줌마를 쳐다보며 물었다.

"이런 집을 지으려면 특별한 기술이 있어야 하고 돈도 많이 든단다. 그래서 쉽게 지을 수가 없어. 하지만 지구를 생각하는 사람들이 점점 늘어나면 이 집보다 더 놀라운 집도 많이 생겨날 거야."

태양 아줌마는 힘주어 말했다. 그리고 두 손을 마주 잡고 덧붙였다.

"참, 에너지를 만드는 깜찍한 아이디어도 있어. 가 볼래?"

"그건 또 어떤 건데요? 빨리 가 봐요."

나래는 궁금해서 견딜 수가 없었다.

"자, 이번에는 일본이다!"

태양 아줌마가 두 손을 내밀었다. 셋은 한 몸이 되어 날다가 금방 '쿵' 하고 땅으로 내려섰다.

시끌시끌한 소리가 나서 뒤돌아봤더니 수많은 사람들이 북적거리고 있었다.

"여기는 어디예요?"

"도쿄 시부야 역이란다."

'집도 아닌 이런 곳에서 무슨 전기를 만든다는 거지?'

나래는 주위를 휘휘 둘러보았다.

"자, 날 따라오렴."

태양 아줌마를 따라서 간 곳은 시부야 역 한가운데 있는 동상 앞이었다. 태양 아줌마는 동상 앞에 섰다.

"바로 이 보도블록이야."

"이 보도블록이 뭔데요?"

태양 아줌마가 나래와 까만 망토에게 보도블록 위로 걸어 보라고 했다.

"이 보도블록을 밟으면 전기가 만들어진단다."

"밟으면 전기가 생긴다고요?"

"밟기만 하는데도요?"

나래와 까만 망토는 눈이 휘둥그레졌다.

"이건 보통 보도블럭이 아니야. 전기를 만드는 장치를 해 놓았지. 지나가는 사람이 이 발전 보도블록을 밟으면 진동이 생기면서 압전 소자라는 부품에 전달되어 전기가 만들어지는 거야. 몸무게가 60킬로그램인 사람이 한 번 밟으면 0.3와트 정도의 전기가 만들어진대. 시부야 역은 많은 사람들이 북적대는 곳이야. 역 앞에 발전 보도블록을 모두 깔면 200킬로와트나 되는 전기를 만들어 낼 수 있지."

"200킬로와트면 얼마만 한 전기인가요?"

나래가 물어보았다.

"그 정도면 32인치 텔레비전 350대를 한꺼번에 켜 놓고 4시간 동안 볼 수 있는 양이지."

"우와, 엄청나네요!"

나래는 눈도 입도 모두 동그래졌다.

"그렇다면 걷는 것보다 뛰는 게 좋겠어요. 그럼 전기가 더 많이 만들어질 거 아니에요?"

까만 망토가 팔짝팔짝 뛰면서 말했다. 아줌마가 큰 소리로 웃으며 말했다.

"하하하. 그래서 춤을 추면서 전기를 만드는 곳도 있지."

"거기가 어디에요?"

까만 망토가 멈춰 서며 물었다.

"네덜란드의 로테르담 시에는 춤을 추면서 전기를 일으키는 친환경 댄스 클럽이 있어. 사람들이 춤을 추면 건물 바닥에 있는 장치에서 공기가 압축되지. 바닥을 밟을 때마다 공기를 빼고 넣는 것을 반복하면서 전기를 만드는 거야. 이렇게 만든 전기는 번쩍번쩍한 조명을 켜는 데 쓴단다. 한마디로 춤도 추고 지구도 지키는 거지."

"정말 멋진 생각이에요!"

나래는 손뼉을 치며 좋아했다.

"그런데 이렇게 반짝이는 아이디어를 왜 이제야 생각해 냈을까요?"

까만 망토가 갑자기 의젓한 목소리로 물었다. 태양 아줌마도 목소리를 낮추어 대답했다.

"화석 연료로 만든 에너지는 국가나 전기 회사에서 한꺼번에 많이 만들어 사람들이 쉽게 쓸 수 있게 해 주었어. 그러니 사람들은 전기가 어떻게 만들어지는지, 전기를 생산하는 데 얼마나 많은 자원이 필요한지 통 관심을 갖지 않았어. 그냥 에너지를 편리하게 쓰는 방법만 생각했던 거지."

나래는 뜨끔했다.

'나도 그랬지. 전혀 관심이 없었어. 하지만 지금은······.'

태양 아줌마가 말을 이었다.

"그런데 화석 연료가 문제를 일으킨다는 것을 알고 나서 깨끗한 에너지에 대해 생각하게 된 거야. 그리고 태양이나 바람, 바이오매스 같은 자연에서 얻는 깨끗한 에너지가 개발되면서 누구든지 에너지를 만들 수 있다는 생각을 갖게 되었어. 집이나 학교, 회사, 병원같이 우리가 생활하는 어느 곳에서나 에너지를 만들 수 있다는 걸 깨닫게 된 거지."

"아이들도 에너지를 만들 수 있을까요?"

태양 아줌마를 쳐다보는 나래의 눈이 초롱초롱 빛났다.

"그럼! 지금부터 연구해 보렴. 자라나는 아이들이 에너지에 관심을 가지는 것은 정말 중요해. 너희가 커서 깨끗하고 완벽한 에너지를 개발하게 될 테니까 말이야. 앞으로 어떤 에너지가 개발될지 나도 무척 기대가 되는구나."

태양 아줌마의 말을 듣다 보니 나래는 가슴이 뿌듯해졌다.

'과연 앞으로 어떤 에너지가 나올까? 아직 개발되지 않은 에너지는 무엇일까?'

나래가 갑자기 손바닥을 마주 치며 말했다.

"한여름 도로 위에서 이글거리는 열로 방을 따뜻하게 덥힐 수 있어요."

나래의 말에 까만 망토도 지지 않고 외쳤다.

"겨울에 차가운 공기를 모아 두었다가 여름에 쓰는 거야.

아니, 북극과 남극의 찬 공기를 모아서 세상의 모든 냉장고를 돌리는 거야!"

나래의 머릿속에 또 다른 아이디어가 반짝 떠올랐다.

"지구의 중력으로 전기를 만들어 보겠어."

"나는 천둥 번개에서 나오는 에너지를 모을 거야."

나래와 까만 망토는 신이 나서 떠들어 댔다.

"호호, 정말 신통방통한 에너지로구나."

태양 아줌마는 나래와 까만 망토를 흐뭇한 눈길로 바라보았다. 그런데 웃음을 머금은 태양 아줌마의 동그란 눈이 점점 넓어지더니 얼굴을 덮고 몸을 덮고, 주위가 온통 환해졌다. 나래는 눈이 부셔 도저히 뜰 수가 없었다.

낮이 지나면 밤이 오게 마련!

눈을 떴을 때 나래는 자기 방 침대에 누워 있다는 걸 금방 알 수 있었다. 왜냐하면 콧속으로 낯익은 냄새가 밀려 들어왔으니까. 연필 심 냄새, 지우개 냄새, 이부자리에서 나는 기분 좋은 냄새…….

'아, 좋다! 이제야 집에 돌아온 거구나.'

나래는 몸을 이리저리 굴리면서 이불을 돌돌 감았다. 그러다가 문득 전기 생각이 났다.

'전기가 들어왔나?'

나래는 자리에서 일어났다. 그리고 벽을 더듬어 전등 스위치를 켰다. 하지만 여전히 불은 들어오지 않았다.

나래는 조심조심 창문 쪽으로 걸어가 창을 열어 보았다. 바깥도 깜깜했다. 나래는 하늘을 올려다봤다. 도시의 밤하늘에서는 별을 잘 볼 수가 없었는데, 웬일인지 반짝반짝 별이 보였다.

'아, 까만 망토!'

나래는 그제야 까만 망토가 생각났다.

'어디 간 거야, 도대체?'

"흑흑."

어디선가 나지막한 울음소리가 들려왔다.

'이런 울보! 아직도 우는 거야?'

나래는 짜증이 났지만 걱정도 되었다.

"어디 있는 거니?"

"여기야. 흑흑."

책상 아래에서 소리가 들렸다.

"거기서 뭐 해? 얼른 나와 봐."

"누나가…… 흑흑, 올 시간이야. 그런데……. 흑흑."

까만 망토가 흐느끼며 겨우 말을 이었다.

"아 참, 누나가 떠날지도 모른다고 했지?"

나래는 깜빡했다는 듯 자기 머리를 주먹으로 통통 치는 시늉을 했다.

바로 그때였다. 창밖으로 보이던 별 하나가 유난히 반짝이더니 별안간 파란빛을 내뿜으며 방 안으로 획 들어왔다.

"나야! 내가 왔어."

"누나? 누나 맞아? 엉엉. 어디 갔었어?"

까만 망토는 파란빛을 향해 달려갔다.

"누나! 괜찮아?"

"그래, 그래. 괜찮아."

파란빛은 점점 거무스름한 그림자 같은 물체로 바뀌더니 어느새 머리카락을 길게 늘어뜨린 여자의 모습이 되었다. 여자는 몸이 무척 야위었고, 얼굴은 새하얬다. 까만 망토는 누나의 품에 안겼다. 까만 망토의 누나는 까만 망토를 껴안고 한 손으로 머리를 쓰다듬었다.

나래는 까만 망토한테서 이야기를 들어서 그런지 까만 망토의 누나, 그러니까 밤의 여신이 조금도 낯설지 않았다. 오히려 오랜 친구처럼 가깝게 느껴졌다.

밤의 여신이 나래를 보며 말했다.

"반갑다. 네가 나래지?"

밤의 여신은 힘이 없어 보였지만, 그래도 목소리는 맑고 또랑또랑했다.

"네. 이렇게 찾아와 줘서 다행이에요. 까만 망토가 걱정을 많이 했거든요."

나래는 마음이 좀 놓였다.

"그래, 고마워. 동생과 함께 있어 줘서……."

"뭘요……."

나래는 목구멍이 간질간질해지면서 왠지 부끄러워 고개를 숙였다. 밤의 여신이 나래에게 물었다.

"그래, 여행은 즐거웠니?"

"네! 그런데……."

나래는 갑자기 목소리에 힘이 빠졌다. 밤의 여신이 입가에 엷은 웃음을 지으며 나래를 바라보았다.

"그래도 너희들 덕분에 난 기운을 얻었어."

"누나, 그럼 다 나은 거야? 이젠 사라지지 않을 거지?"

까만 망토가 아직도 코를 훌쩍이며 말했다.

"사라진 게 아니라 눈이 너무 아플 정도로 부셔서 나올 수가 없었던 거야. 몸도 자꾸 아프니까 아예 이 세상을 떠나 편안히 쉬고 싶기도 했어."

"안 돼, 안 돼!"

까만 망토가 누나를 꽉 껴안으며 소리쳤다.

나래는 까만 망토를 안쓰럽게 바라보았다. 밤의 여신은 까만 망토의 등을 토닥여 주었다.

"그래, 안 떠날게. 나도 지구를 떠날 수 없다는 것을 깨달았어. 다 나래 덕분이야. 나래를 보면서 희망을 얻었거든."

"네? 제 덕분이라고요?"

나래는 눈을 동그랗게 떴다. 밤의 여신이 말을 이었다.

"나는 어둠이 내리는 곳에 칠흑같이 검고 고운 가루를 뿌리면서 밤을 꾸민단다, 이렇게."

밤의 여신이 휘파람을 불듯 입술을 오므리자, 까만 가루가 반짝이며 온 방 가득 퍼졌다.

'검은색이 이렇게 아름다울 수도 있구나!'

나래는 입을 헤벌리고 쳐다보았다.

"내가 이렇게 밤을 만들면 달이 은은한 빛을 비추고 별들이 하나 둘 나타나 반짝였지. 그런데 사람들이 밤새 환한 등을 밝혀 놓아 나는 점점 힘들어졌어. 아무리 까만 가루를 뿌려 대도 소용없었지. 그렇게 허둥대다 어느덧 새벽에게 자리를 내 주곤 했단다."

밤의 여신은 잠시 말을 끊고 나래를 똑바로 바라봤다. 그 눈빛이 너무 슬퍼 보였다.

"네가 사는 지구는 밤이 점점 사라지는 이상한 곳이 되고 말았어. 대낮처럼 환한 밤은 사람의 몸에도, 다른 모든 생물에게도 결코 좋지 않은데 말이야."

나래는 까만 망토가 처음 만났을 때 해 준 말이 생각나 고개를 끄덕였다.

"저도 이때까지 그걸 몰랐어요."

"그런데 너를 보고 희망이 생겼어. 사람들이 모두 에너지를 쓰는 일에만 궁리하고 있는 줄 알았는데, 지구를 지키고 수많은 생물과 함께 살아가려고 애쓰는 사람도 있다는 걸 알게 되었거든."

"네. 저도 여행을 하면서 새로운 것을 많이 알게 되었어요."

나래는 그제야 마음이 놓이는 듯 웃으며 말했다.

"그리고 내가 지구를 떠나는 것은 우주의 법칙을 거스르는 일이라는 것도 알게 되었어. 낮이 가면 밤이 오는 게 자연의 섭리인데, 이를 거스르면 안 되겠지? 세상 모든 것들은 서로 도우며 살아가고 있으니까. 태양도, 바람도, 그리고 사람은 물론이고 지구에 사는 생물들 모두가 말이야. 누구라도 혼자 힘으로는 살아 나갈 수가 없어. 나도 마찬가지고. 그래서 나는 깜깜한 밤이 얼마나 아름다운지 모두가 느낄 수 있도록 할 거야. 너도 도와줄 거지?"

밤의 여신은 엷은 웃음을 띠고 나래를 빤히 바라보았다.

"네. 저도 그동안 밤의 여신을 많이 아프게 한 것 같아요. 하지만 이제는 정말 그러지 않을 거예요."

나래는 가슴이 벅차올라 목소리가 떨렸다. 나래를 쳐다보는 까만 망토의 눈에도 눈물이 그렁그렁 맺혔다. 밤의 여신은 까만 망토의 어깨를 토닥토닥 두드리며 말했다.

"걱정하지 마. 이제 절대 헤어지지 않아. 지구에는 나래 같은 친구들이 점점 더 늘어날 테니까. 우리가 찾던 희망이 바로 그거잖아?"

밤의 여신은 활짝 웃으며 나래를 바라보았다. 나래도 생긋 웃으며 고개를 끄덕였다. 그때 갑자기 밝은 빛이 하늘에서 쏟아져 내렸다.

"아앗!"

나래는 엉겁결에 두 손으로 얼굴을 가렸다. 주위가 조용했다. 나래는 천천히 손을 뗐다. 그런데 바로 전까지 눈앞에 있던 까만 망토와 밤의 여신이 감쪽같이 사라져 버린 게 아닌가!

안녕, 까만 망토!

"까만 망토! 밤의 여신!"

나래는 제 소리에 놀라 벌떡 일어났다.

"아이고, 깜짝이야! 뭐 까만 망토? 밤의 여신? 너 꿈 꿨니? 이 땀 좀 봐!"

엄마였다.

"어? 어……. 아니!"

나래는 너무 생생해서 꿈을 꾼 것 같지가 않았다.

"얘가 무슨 소리를 하는 거야. 아직도 잠 덜 깼니?"

"아냐. 엄마, 이제 온 거야?"

"그래. 엄마가 좀 늦었지? 저녁 먹어야지."

"응."

"아유, 찐득찐득해. 더운데 에어컨 좀 켜 놓고 있지."

나래는 마루를 둘러보았다. 불이 켜져 있는 걸 보니 전기가 들어왔나 보았다.

"으응, 저녁이 되니 그래도 좀 낫네. 선풍기나 켜지 뭐."

"너 왜 할머니처럼 말하고 그러니?"

엄마가 빙긋 웃으며 저녁상을 차리기 시작했다. 나래도 엄마를 도와 상을 차렸다. 나래는 식탁에 앉기 전에 부엌 등 스위치를 눌러 껐다.

"밥 먹을 땐 식탁 등만 켜도 되잖아요. 부엌에선 아무것도 안 하니까."

"갑자기 왜 이러실까? 잔소리꾼 아가씨!"

"작은 것부터 실천해야죠. 엄마가 날마다 그랬잖아요."

"오호! 우리 딸이 뭔가 달라졌네. 무슨 일 있었니?"

엄마가 나래를 바라보며 말했다. 나래는 잠자코 밥 한 숟가락을 떠넣으며 물었다.

"엄마! 사람들이 편하게만 살려고 에너지를 낭비해서는 안 되는 거죠?"

"웬일이래? 오늘 우리 딸이 에너지 공부를 단단히 한 모양이네. 왜, 이제 에너지를 아끼기로 마음먹은 거야? 그렇게 말해도 흘려 듣더니."

"응. 이제부터는 혼자 있을 땐 절대 에어컨을 켜지 않을 거야. 학교 앞까지 자동차로 태워 달라고 조르지도 않을 거고. 걸어다니면 운동도 되고 기름도 아낄 수 있으니까 일석이조지."

엄마는 놀라는 시늉을 하며 손가락으로 나래의 코를 잡고 살짝 비틀었다.

"진작에 그랬어야지. 어쨌든 지금이라도 잘 생각했어."

나래는 고개를 돌리며 말했다.

"그리고, 엄마! 나는 커서 과학자가 될래요."

"그러세요오. 오늘은 또 과학자야?"

엄마가 놀리듯이 말을 길게 이었다.

"정말이에요. 깨끗하고 아무리 써도 없어지지 않는 신통방통한 에너지를 만들어 낼 거란 말이에요. 그래서 밤의 여신을 도울 거예요."

"신통방통이라고? 참 재미있는 말도 쓸 줄 아네? 근데, 밤의 여신이 도대체 누구야?"

"아, 아무것도 아니에요."

나래는 고개를 저으며 빙그레 웃었다. 혼자만의 비밀이 생긴 것 같아 기분이 좋았다.

"그래, 환경을 해치지 않는 새로운 에너지가 개발되어 사람도 건강하고 자연도 건강해졌으면 정말 좋겠다. 그리고 새로운 에너지를 개발하는 것도 좋지만, 무엇보다 에너지를 절약하는 게 중요하다는 거 알지?"

"네, 알아요! 이제부터 잘할 거예요."

나래가 자신 있다는 듯 두 주먹을 불끈 쥐어 보였다.

"오늘 보니까 나래가 왠지 훌쩍 큰 것 같은데?"

엄마가 나래 곁으로 오더니 등을 토닥여 주었다.

나래는 방으로 들어와 책과 공책을 책상 위에 올려놓았다. 그리고 침대에 벌렁 누웠다.

"아차, 컴퓨터 플러그를 뽑고 자야지. 오늘부터 하나씩 실천해 보겠어."

나래는 컴퓨터 플러그를 뽑고 전등 스위치를 껐다. 그리고는 미끄러지듯 이불 속으로 들어갔다. 열어 놓은 창으로는 살랑살랑 바람이 불어 들어오고 까끌까끌한 이불이 살갗에 닿으니 시원하면서도 포근했다.

"아, 좋아. 근데 왜 이렇게 피곤하지?"

나래는 돌아누우며 혼잣말을 했다.

"바보, 긴 여행에서 돌아왔으니까 그렇지."

낯익은 목소리가 귓가에 들려왔다.

'뭐야, 또 꿈인가? 아닌가?'

나래는 눈을 뜨고 고개를 돌려 책상 쪽을 바라보았다. 누군가 책상 위에 앉아 다리를 덜렁거리고 있었다.

"아, 까만 망토!"

"내가 다시 올 줄 몰랐지?"

어둠 속이지만 까만 망토가 웃는 모습이 보이는 듯했다. 나래는 가슴이 두근거릴 정도로 반가웠다.

"그래. 넌 꿈속에서만 나오는 줄 알았어……."

나래는 이불을 젖히고 자리에서 일어나 앉았다.

"사실은 작별 인사를 하려고 왔어?"

"무슨 소리야? 언제까지나 이 세상에 있겠다고 했잖아?"

나래는 놀라서 목소리를 높였다. 까만 망토가 의젓한 목소리로 조용히 말했다.

"그래. 언제까지나 이 세상에 있을 거야. 하지만 우리는 사람들에게 모습을 드러내면 안 돼. 신들의 세계에서는 있을 수 없는 일이거든. 누나 때문에 도움을 받으려고 잠시 네 앞에 나타났던 거지."

"그래서?"

나래가 다그치듯 물었다.

"내 모습은 이제 볼 수 없겠지만 나는 늘 네 곁에 있어. 날마다 찾아올 테니까. 그러니까 나를 잊으면 안 돼, 알았지?"

까만 망토가 울음을 참는지 이마를 찡그렸다.

"아, 알았어."

나래는 얼른 대답했다.

"고마워, 나래야. 도와줘서 정말 고마워. 안녕!"

까만 망토는 두 팔을 벌려 망토를 펼치더니 가볍게 날아올랐다. 그리고 몸을 돌려 창문으로 빠져나가 버렸다.

"까만 망토! 정말 가는 거야?"

나래가 소리를 지르면서 창으로 다가갔다. 그 순간 까만 망토와 밤의 여신이 눈앞에 나타났다. 둘은 환하게 웃고 있었다. 밤의 여신은 입을 오므려 까만 가루를 방 안으로 흩뿌렸다. 까만 가루가 사르르륵 눈처럼 흩날렸다. 그러고는 까만 망토와 밤의 여신은 손을 잡고 나란히 밤하늘로 날아올랐다. 나래는 손을 들어 힘껏 흔들었다.

"안녕! 어둠의 신. 고마워요! 밤의 여신."

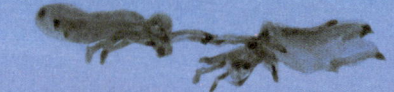

더불어 사는 지구 34

신통방통 에너지를 찾아 떠난
이상한 나라의 까만 망토

처음 펴낸 날 2011년 2월 15일 | **여섯번째 펴낸 날** 2016년 10월 20일

글 박경화 | **그림** 손령숙
펴낸이 이은수 | **편집** 이지원 | **교정** 송혜주 | **디자인** 투피피

펴낸곳 초록개구리 | **출판등록** 2004년 11월 22일(제300-2004-217호)
주소 서울시 종로구 진흥로 452, 3층 | **전화** 02-6385-9930 | **팩스** 0343-3443-9930

ISBN 978-89-92161-29-9 73810
ISBN 978-89-956126-1-3 (세트)

이 도서의 국립중앙도서관 출판시도서목록(CIP)은 e-CIP 홈페이지(http://www.nl.go.kr/ecip)에서
이용하실 수 있습니다. (CIP제어번호: CIP2011000189)